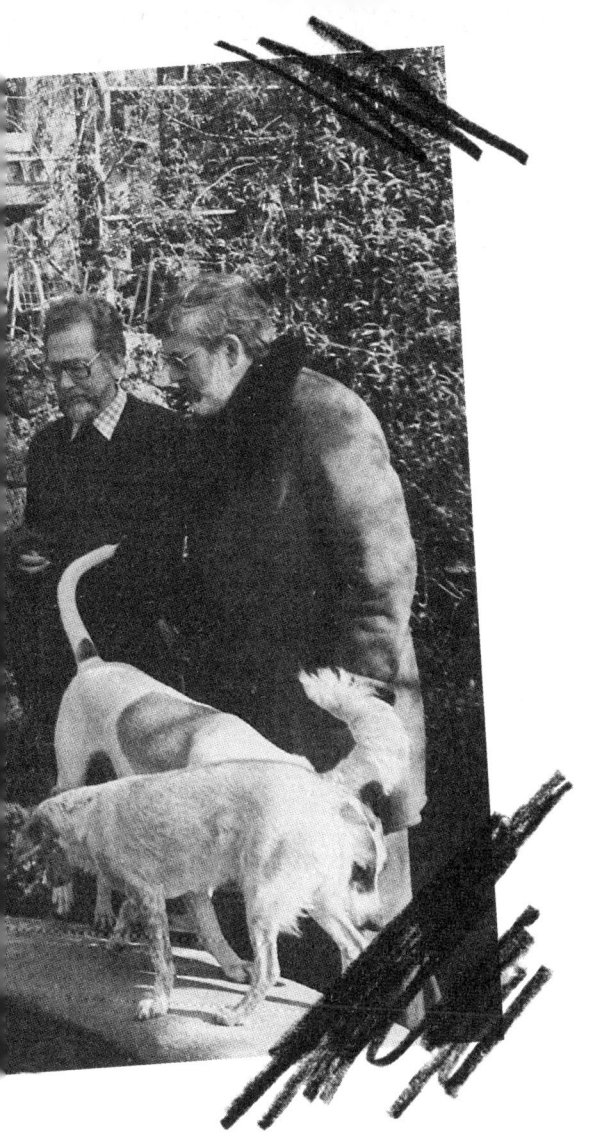

Erhard Eppler
Michael Ende
Hanne Tächl

Phantasie / Kultur / Politik

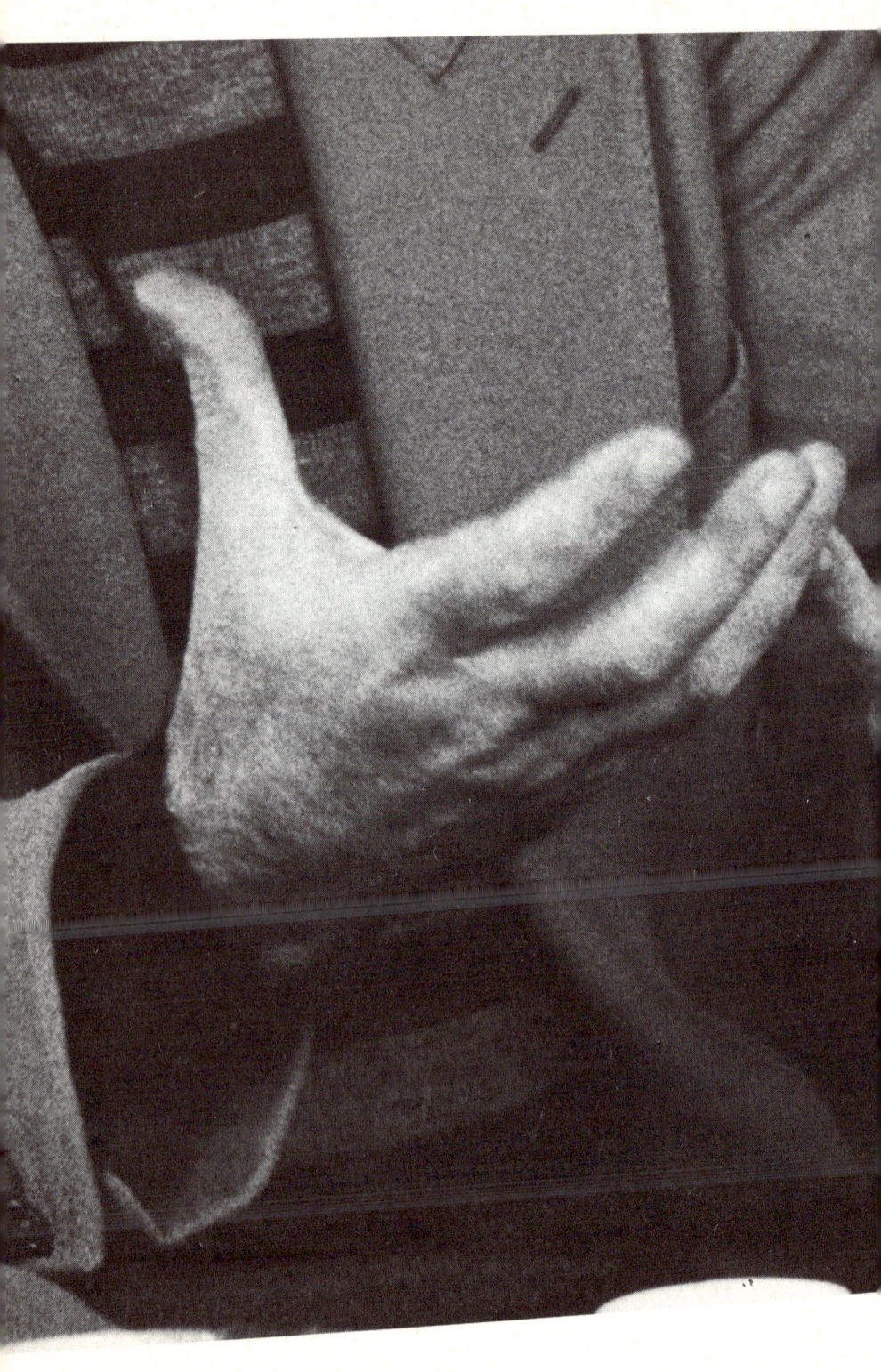

Protokoll eines Gesprächs

Um die Welt zu ändern, sie neu zu gestalten, müssen zuvor die Menschen sich selbst psychisch umstellen und eine andere Richtung einschlagen. Bevor man nicht innerlich zum Bruder eines jeden geworden ist, kann kein Brudertum zur Herrschaft gelangen.

Niemals werden die Menschen mit Hilfe einer Wissenschaft oder um eines Vorteils willen durch äußere Hilfsmittel es fertigbringen, ihr Eigentum und ihre Rechte so untereinander zu verteilen, daß niemand zu kurz komme und sich nicht gekränkt fühle. Immer wird es jedem zu wenig scheinen, und immer wird man einander vernichten. Sie fragen, wann sich das verwirklichen wird? Es wird sich verwirklichen, aber zuerst muß sich die Periode der menschlichen Vereinzelung vollenden.

Fjodor M. Dostojewski

Fällt Jugend gar in revolutionäre Zeiten, also in Zeitwende, und steht ihr nicht, wie heute im Westen so oft, der Kopf, durch Betrug, im Nacken, so weiß sie erst recht, was es mit dem Traum nach vorwärts mit sich hat. Er geht dann vom vagen, vor allem privaten Ahnen zum mehr oder minder sozial Geschärften, sozial Beauftragten über.

Ernst Bloch

Vorgeschichte

...so schnell werden wohl alle Beteiligten die Tage in Genzano bei Rom nicht vergessen! Mit einem Schlag nämlich war die Routine des Alltags durchbrochen – nicht allein der milde Winter und die südländische Umgebung Italiens trugen dazu bei, auch die Gedankenwelt, die in dem Gespräch ausgebreitet wurde, war spannend und faszinierend.

Eine solche Begegnung, wie sie zwischen Erhard Eppler, Michael Ende und Hanne Tächl stattfand, geschieht sicher nicht alle Tage und hat ihre eigene Vorgeschichte...

Die Weichen für das Gespräch wurden lange vor der Begegnung bei Rom gestellt. Michael Ende erhielt eines schönen Tages einen Brief von einer deutschen Fernsehanstalt mit der höflichen Anfrage, ob er an einer literarischen Sendung teilnehmen wolle. Erhard Eppler – so hieß es im Brief – habe die Bücher von Michael Ende mit großem Interesse und Begeisterung gelesen und wolle unbedingt mit ihm ein Gespräch über die Problematik der heutigen Jugend führen. Man finde diese Idee sehr gut und stelle dafür 70 Minuten Sendezeit zur Verfügung. Es wäre schön, wenn Michael Ende zusage, und überhaupt wäre es toll, wenn alles klappen würde.

Damals wußte man noch nicht, daß auch Erhard Eppler von gleicher Stelle einen ähnlichen Brief erhalten hatte, in dem ihm mitgeteilt wurde, daß Michael Ende ein begeisterter Leser seiner Bücher sei und sich auf ein Gespräch mit ihm über die Problematik der heutigen Jugend freue. Man finde diese Idee sehr gut und würde sich freuen, wenn Erhard Eppler zusagen würde. Die Fernsehanstalt stelle für dieses Gespräch 70 Minuten Sendezeit zur Verfügung.

Erhard Eppler und Michael Ende sagten zu.

Michael Ende wurde von Rom nach Frankfurt eingeflogen, wo mit der Buchmesse im Hintergrund das Gespräch stattfinden sollte, während Erhard Eppler von Dornstetten anreiste – und schließlich begann die Fernsehsendung: Erhard Eppler wurde zusammen mit Johannes Groß an einen Tisch gesetzt, Michael Ende saß allein irgendwo mitten im Saal unter den vielen Leuten. Und dann ging der Zirkus richtig los: Als erstes spielte eine Rock-Gruppe, dann gab es ein politisches Kabarett, darauf einen kurzen Schlagabtausch zwischen Johannes Gross und Erhard Eppler – schnell und schneller dreht sich das Karussell –, dann war wieder eine Liedermacherin an der Reihe, darauf fünf Minuten den üblichen Weihrauch für Michael Ende, dann noch zwei oder drei Interviews mit jungen Autoren – aus war die Sendung . . .

Und das siebzigminütige Gespräch zwischen Erhard Eppler und Michael Ende? Nach der schiefgelaufenen Fernsehsendung kehrten Erhard Eppler und Michael Ende in die *Frankfurter Stuben* ein und machten ihrem Ärger Luft. Hansjörg Weitbrecht, der Verleger Michael Endes, war auch dabei und hatte die Idee, das Gespräch in Form eines Buches stattfinden zu lassen. Der Vorschlag wurde gerne angenommen.

Da es kein reines Männergespräch werden sollte, bat man Hanne Tächl um ihre Mitwirkung.

Hanne Tächls politisches, soziales und künstlerisches Engagement spiegelt sich im *komunalen kontaktteater* wider, das sie mitleitet. Es handelt sich dabei um eine eigene Theaterform, die nicht allein vom Künstlerischen her verstanden sein will, sondern erklärtermaßen auch politische und soziale Themen behandelt. Und dies wirkt sich sehr direkt aus: Im Rahmen ihrer *kontaktteater*-Tätigkeit hat Hanne Tächl praktisch gearbeitet auf den Gebieten Strafvollzug, Nichtseßhaftenhilfe, gemeindenahe Psychiatrie und Altenhilfe, hier unter anderem auch Medienarbeit mit Altenheimbewohnern. Hanne Tächl versucht also, Politik und Kunst miteinander in Beziehung zu bringen – und bemüht sich um eine Synthese der zwei Bereiche, für die jeweils Erhard Eppler oder Michael Ende stellvertretend stehen könnten.

Erhard Eppler ist Politiker und ein äußerst umstrittener. Politisch wirkt er, nachdem er im Frühjahr nicht mehr in das Präsidium der SPD gewählt wurde und er sein Landtagsmandat in Baden-Württemberg niedergelegt hat, vor allem im Vorstand und als Vorsitzender der Grundwertekommission seiner Partei. Er ist auch amtierender Präsident des Deutschen Evangelischen Kirchentages.

Die politische Bedeutung Erhard Epplers liegt aber nicht nur in seinen politischen Funktionen, sondern auch in seiner Fähigkeit, über gesellschaftliche Prozesse nachzudenken. Für ihn bedeutet Politik mehr als nur ein „Management" von Krisen – er versucht, politische Praxis zu verbinden mit der Reflexion über Werte und Ziele. Die Aufgabe des Politikers besteht für ihn darin, Wege aufzuzeigen, und sie selbst in kleinen, oft winzigen Schritten zu gehen. Was für ihn zählt, ist nicht die Größe der Schritte, sondern die Erkennbarkeit der Richtung. Vor allem junge Leute sehen in ihm einen Menschen, der bemüht ist, sich nicht von politischen Sachzwängen leiten zu lassen und gesellschaftliche Bewegungen an der Basis wahrzunehmen. Wir sind auf Politiker wie Erhard Eppler angewiesen, denn solche Menschen decken verborgene gesellschaftliche Prozesse auf und veranlassen zum Nachdenken.

Zum Nachdenken in einem ganz anderen Bereich hat auch Michael Ende beigetragen. Seit 1979 haben seine beiden Bücher *Momo* und *Die unendliche Geschichte* einen ungeahnten Erfolg – das spricht nicht nur für die Bücher, sondern auch für den Hunger der Leser nach einer Art von Literatur, die unseren ausgetrockneten und verkümmerten Wirklichkeitsbegriff neu beleben will. Wenn von Michael Ende geschrieben wird, überwiegt leider noch das Klischee von dem „Märchenerzähler aus dem Süden". Ein solches Bild wird nach diesem Gespräch wohl nicht mehr aufrechtzuerhalten sein. Michael Ende hat auf der Suche nach sich selbst scheinbar einen Schlüssel gefunden, mit dem er Türen und Tore öffnen kann, die wir vielleicht noch gar nicht sehen.

Am 5. und 6. Februar fand das Gespräch statt. Man war schon einen Tag vorher angereist und benutzte den Abend, um gemeinsam essen zu gehen und sich näher kennenzulernen. Diese beiden Tage waren wir zu Gast bei den Endes. Mitten in der römischen *Campagna*, zwischen Olivenhainen und Weinbergen, in den Albaner Bergen, unweit von Rom, wo Geschichte und Geschichten ineinander wachsen, erlebten wir zwei intensive und interessante Tage – und lernten auch die Lebensweise der beiden Endes kennen.

Der Boheme-Haushalt von Michael Ende und Ingeborg Hoffmann, ihre unbekümmerte und legere Art, ihre Fähigkeit, keinen Tag wie den vorhergegangenen zu leben, vermittelte allen ein Gefühl der Zeitlosigkeit, des Abenteuers, des Außergewöhnlichen. Als Erhard Eppler übermüdet und ausgelaugt vom politischen Alltag eintraf, ließ er sich gerne von dieser Atmosphäre einfangen. Allerdings war er an einem Teil des Gesprächs nicht anwesend. Die Gastgeber waren so sehr um seine Gesundheit besorgt, daß sie ihn schlicht ins Bett schickten.

Themen, die diesem Gespräch zugrunde liegen, waren weder besprochen und erst recht nicht fest ausgemacht worden. Man wollte ja, wie Hanne Tächl gleich zu Anfang sagt, »keine akademische Podiumsdiskussion veranstalten", sondern ein bewußt ungeplantes Gespräch führen, das sich spiralförmig, gewisse Themen immer wieder berührend, entwickelt.
Es ging nämlich auch darum, wie drei Menschen, die auf ganz verschiedenen Gebieten arbeiten, miteinander ins Gespräch kommen. Von dieser Perspektive aus gesehen ist das Wie, die Art und Weise wichtig, wie man miteinander umgeht, wie man zueinander spricht. Mit der richtigen Einstellung nämlich kommt man zueinander – man muß ja nicht immer gleich argumentieren oder diskutieren. In einem Gespräch will man ja auch voneinander lernen, Neues erfahren und entwickeln. Deswegen der Untertitel »Protokoll eines Gesprächs«.

Stuttgart, den 27. Juli 1982   Roman Hocke

Freitagvormittag

an dem das Gespräch beginnt. An diesem Vormittag sind Hanne Tächl, Erhard Eppler und Michael Ende anwesend. Das Tonbandgerät läuft schon seit einiger Zeit, aber da anfangs Anekdoten erzählt werden, beginnen wir mit der wörtlichen Wiedergabe des Gesprächs erst später. Nur so viel sei gesagt: Erhard Eppler erzählt aus den Fünfzigerjahren, als er Lehrer in Schwenningen war. Er lehrte dort Englisch, Deutsch und Geschichte. Acht Jahre verbrachte Eppler in Schwenningen, und er erinnert sich gerne daran, vor allem an seine Schüler. Einige von ihnen sieht er heute noch.
Auch Michael Ende erzählt aus seiner Vergangenheit: Er berichtet von seinen Erfahrungen, die er als junger Schauspieler, eben aus der Schauspielschule kommend, an der Landesbühne Schleswig-Holstein in Rendsburg gemacht hat. Auf seinen Tourneen soll es sogar des öfteren vorgekommen sein, daß während auf der Bühne Schillers *Fiesko* mit großem Idealismus gespielt wurde, man im Saal unten Bier ausschenkte.

Erhard Eppler und Michael Ende haben sichtlich Freude daran, von ihren Erfahrungen und Erlebnissen in heiterer und humorvoller Art zu erzählen. Ingeborg Hoffmann, die Frau von Michael Ende, bringt dann noch einmal Kaffee und Tee. Nach einiger Zeit sagt Erhard

Eppler: Könnten wir uns kurz darüber verständigen, womit wir unser Gespräch beginnen wollen?

Ende: Wenn ihr einverstanden seid, möchte ich euch als Einstieg meine Erfahrung aus dem *Duttweiler Institut* erzählen. An dieser Erfahrung nämlich läßt sich meiner Einsicht nach gut die Frage nach dem Fehlen positiver Utopien anknüpfen. Positive Utopien fehlen ja ganz allgemein. Diese Tatsache prägt zweifellos das heutige Bewußtsein, vor allem in der jüngeren Generation. Meiner Meinung nach ist dieses Fehlen auch ausschlaggebend für die enorme Mutlosigkeit, mit der die jüngere Generation zu kämpfen hat.

Eppler: Ich habe nichts dagegen, wenn wir damit anfangen.

Tächl: Wir sollten uns auch einig darüber sein, daß wir uns bei unserer Unterhaltung einfach von dem führen lassen, was dabei entsteht – ohne festgelegten Plan und ohne vorherbestimmtes System. Wir wollen ja hier ein freies Gespräch führen und keine akademische Podiumsdiskussion veranstalten, deshalb brauchen wir auch keine Liste von Sachgebieten aufzustellen...

Ende: Nun, es geschehen ja auch heute noch manchmal Zeichen und Wunder. Eines Tages also, vor einigen Jahren, schneit mir ein Brief vom *Duttweiler Institut* ins Haus. Ich weiß nicht, ob ihr beide diese Einrichtung kennt. *Duttweiler* ist der größte Warenhauskonzern der Schweiz...

Eppler: ... *Migros* ...

Ende: ...und der besitzt unter anderem ein Institut in der Nähe von Zürich, ein sehr schön gelegenes Institut, in dem Tagungen über alle möglichen sozialen, politischen und sonstigen Themen veranstaltet werden. Die Tagung, von der ich jetzt spreche, lief unter dem Thema »Die Rationalisierungsfalle«. Zu dieser Tagung waren etwa zweihundert Top-Manager aus ganz Europa eingeladen, auch Gewerkschaftsleute und einige Leute vom *Club of Rome*. Es ging bei der ganzen Sache um die Microprozessoren, die damals gerade aufkamen und die praktisch als die dritte industrielle Revolution gewertet wurden. Mit diesen Microprozessoren ist es ja möglich geworden, vollautomatische Fabriken zu bauen, in denen keine Menschen mehr arbeiten sondern nur noch Maschinen.

Ich war einigermaßen erstaunt, daß die Veranstalter gerade mich einluden, an dieser Tagung teilzunehmen. Wie sie mir schrieben, brauchten sie auf dieser Tagung jemand, der Gretchenfragen stellt, also als Nichtfachmann ganz unbefangen und sozusagen naiv den Problemen gegenübersteht. Sie hätten aus meiner *Momo*[1] den Eindruck gewonnen, daß ich dafür genau der Richtige sei. Außerdem enthielt der Brief noch die Bitte, den dort versammelten Managern aus der *Momo* vorzulesen. Da dachte ich mir, das ist mal interessant, das mache ich und bin hingefahren.

Zunächst wurde den ganzen Tag schwer über alle möglichen Fragen des Wirtschaftswachstums diskutiert. Man sprach von der unabänderlichen Notwendigkeit von soundsoviel Prozent Wachstum pro Jahr, wenn Katastrophen vermieden werden sollten. Die Leute vom *Club of Rome* versuchten dagegen, den Managern klarzumachen, daß es überhaupt kein Wachstum mehr geben dürfe, wenn noch schlimmere Katastrophen vermieden werden sollten. Dann kamen die Gewerkschafter und sagten: Um Himmels willen, wenn die Microprozessoren jetzt alle Arbeit allein machen, was wird dann aus den Arbeitern? Das gibt eine Katastrophe! Darauf sagte ein besonders Schlauer, das mit den Arbeitern sei doch

---

1 Michael Ende, *Momo*, Stuttgart, 1973

ganz einfach, alle die, die durch Microprozessoren ersetzt würden, könnten in Zukunft eben Microprozessoren bauen – und so ging alles rund im Kreis herum. Es war eine heftige und ziemlich groteske Diskussion.

Nach dem Abendessen sollte der gemütliche Teil kommen, und da war ich endlich an der Reihe. Ich stieg also auf das Podest und las erstmal den Managern zur allgemeinen Verblüffung ein Kapitel aus der *Momo* vor. Die Stelle mit Herrn Fusi, dem Friseur. Danach herrschte Ratlosigkeit im Saal. Man wußte nicht so recht, was das sollte, daß ihnen da einer plötzlich ein Märchen vorliest. Also fingen die Leute an, über den literarischen Wert oder Unwert der Sache zu diskutieren. Ich sagte: Meine Herren, ich glaube nicht, daß man mich aus diesem Grund zu Ihrer Tagung eingeladen hat. Die vorgelesene Stelle aus meinem Märchenroman sollte nur eine Anregung sein. Ich möchte Ihnen nämlich einen Vorschlag machen: Mir fällt auf, daß in unserem ganzen Jahrhundert kaum eine positive Utopie mehr geschrieben worden ist. Die letzten zumindest positiv *gemeinten* Utopien stammen aus dem vorigen Jahrhundert. Denken Sie etwa an Jules Verne, der noch glaubte, daß der technische Fortschritt den Menschen tatsächlich glücklich und frei machen könnte, oder an Karl Marx, der dasselbe von der Perfektion des sozialistischen Staates erhoffte. Beide Utopien haben sich inzwischen selbst *ad absurdum* geführt. Sieht man sich aber die Utopien an, die in unserem Jahrhundert geschrieben worden sind, angefangen von der *Zeitmaschine* von Wells über *Brave New World* von Huxley bis zu *1984* von Orwell, so finden wir nur noch Alpträume. Der Mensch unseres Jahrhunderts hat Angst vor seiner eigenen Zukunft. Er fühlt sich dem, was er selbst geschaffen hat, offenbar hilflos ausgeliefert. Es wird nur noch in Sachzwängen gedacht. Und Zwänge machen Angst. Das Gefühl der Hilflosigkeit ist so groß, daß wir nicht einmal mehr wagen, uns zu überlegen, was wir uns eigentlich *wünschen*. Und deshalb möchte ich Ihnen, die Sie ja nun den ganzen Tag über Zukunftsfragen diskutiert haben, folgenden Vorschlag machen: Setzen wir uns doch einmal alle gemeinsam auf einen großen fliegenden Teppich und fliegen hundert Jahre in die Zukunft. Und jetzt soll jeder sagen, wie er sich denn nun *wünscht*, daß die Welt dann aussehen soll. Mir scheint nämlich, solange immer nur innerhalb der Sachzwänge argumentiert wird, wie heute den ganzen Tag, dann stellt man überhaupt nicht mehr die Frage, was wir überhaupt für wünschenswert halten. Ich habe sie jedenfalls kein einziges Mal gehört. Aber schließlich hängt die Zukunft der Welt doch von uns allen ab. Wir schaffen sie doch selbst. Wenn wir alle gemeinsam etwas Bestimmtes wollen, dann finden sich auch Mittel und Wege, es zu verwirklichen. Wir müssen nur wissen was! Dazu schlage ich Ihnen dieses

Spiel vor. Dabei soll nur ein einziger Satz verboten sein, sozusagen als Spielregel, und der heißt: *Das geht nicht!* Sonst darf jeder einfach sagen, was ihm einfällt: Möchte er eine Gesellschaft mit Industrie, eine Gesellschaft ohne Industrie, wollen wir mit der Technik leben, wollen wir am liebsten die Technik ganz abschaffen, jeder soll sagen, wie er sich die zukünftige Welt wünscht.

Fünf Minuten Schweigen – peinliches Schweigen – ich hab' es auch mit Absicht nicht unterbrochen, dieses Schweigen. Schließlich stand einer auf und sagte: Was soll der Quatsch? Das hat doch überhaupt keinen Sinn, wir müssen auf dem Boden der Tatsachen bleiben, und die Tatsachen sind eben die, daß wir, wenn wir nicht mindestens drei Prozent Wachstum im Jahr haben, nicht mehr konkurrenzfähig sind und wirtschaftlich zugrundegehen. Ich sagte, das haben Sie jetzt den ganzen Tag über diskutiert. Sie werden morgen und übermorgen weiter darüber diskutieren, jetzt wollen wir das einen Augenblick vergessen und dieses Zukunftsspiel spielen. Aber das war nicht zu machen, im Gegenteil! Die Situation wurde so prekär, so mulmig, daß die Veranstalter den Versuch nach einer halben Stunde von sich aus abbrechen mußten, weil die Leute anfingen, mich zu beschimpfen und aggressiv zu werden.

Dieses Erlebnis hat mir viel zu denken gegeben. Ich glaube, es sind nicht nur diese Wirtschaftsleute, die heutzutage in einem ganz bestimmten Kreislaufdenken regelrecht gefangen sind, und dieser Kreislauf wird angetrieben durch Vorstellungen der Macht und der Angst, das heißt entweder überwältigen uns die anderen, dann sind wir verloren, oder wir überwältigen die anderen, dann gewinnen wir einen kleinen Vorsprung in diesem Wettlauf. Ich fand es grausig, daß diese Leute überhaupt nicht mehr außerhalb dieses Höllenkreislaufs denken konnten. Aber ich habe später bei öffentlichen Lesungen und Diskussionen bemerkt, daß eine ganz ähnliche Bewußtseinshaltung schon bei vielen jungen Leuten besteht. Viele haben das Gefühl, vor einer Art schwarzer Wand zu stehen. Sie sagen: Ja, ja gut, ich kann diesen oder jenen Beruf ergreifen, ich werde irgendwie schon durchs Leben kommen, aber wozu, was soll das Ganze? Da drückt es sich als totale Entmutigung aus, als Verzweiflung, als das Gefühl, man stünde vor einer unüberwindlichen schwarzen Mauer.

Da steckt das Problem unserer Konsumgesellschaft: Wir sind zum Konsum verdammt, weil sonst nichts da ist. Äußerlich haben wir alles, geistig sind wir arme Teufel.
Wir können keine Zukunft sehen, wir können keine Utopie finden. Mir scheint es lebensnotwendig, überlebensnotwendig, daß man sich – sei es

im politischen, sei es im kulturellen, sei es auf wirtschaftlichem Gebiet – ein positives Bild von der Welt machen kann, in der man leben möchte. Ich würde vorschlagen, daß wir unser Gespräch damit anfangen; nicht, indem wir jetzt dieses Spiel spielen, das meine ich nicht. Vielleicht sollten wir uns überlegen, woher es eigentlich kommt, daß die heutige sogenannte zivilisierte Menschheit und vor allem die junge Generation sich so von allen guten Geistern verlassen fühlt.

Eppler: Ich würde gerne unterscheiden zwischen diesen Managern und den jungen Leuten. Diese Manager haben eine Utopie, eine miserable, eine banale, die dürftigste, die es je gegeben hat, nämlich die Utopie der technokratischen Fortschreibung – sie können sich Zukunft nicht anders vorstellen als durch Verlängerung der ökonomischen, technischen Trends, die sie dahin gebracht haben, wo sie jetzt sind. Deshalb wurden sie auch aggressiv. Nicht nur, daß sie ihre Phantasie nicht gebrauchen können, sie sind davon überzeugt, daß sie das auch nicht dürfen, weil dabei eine Zukunft entstünde abseits jener miserablen Utopie, an die sie glauben. Die Jungen dagegen haben inzwischen begriffen, daß Fortschreiben eine miserable Utopie ist, und da sie eine andere nicht sehen, bleibt ihnen gar nichts mehr übrig.

Ende: Das ist es eben. Ich glaube, auch bei den Managern war es so. Nicht, daß ich sie verteidigen möchte, aber ich hatte eigentlich den Eindruck, das, was sie so aggressiv machte, war, daß sie durch das vorgeschlagene Spiel zum Eingeständnis ihrer Ratlosigkeit gezwungen wurden. Aber das war überhaupt nicht meine Absicht gewesen.

Ich hatte allerdings auch nicht so sehr die Absicht, die anwesenden Manager zu enormen Phantasieleistungen anzuregen, sondern ich wollte einfach hören, was sich der Einzelne so vorstellt, wenn schon nicht für sich, dann doch für seine Kinder und Enkel. Man hatte im Laufe des Tages ja pausenlos festgestellt, daß uns die bestehenden Systeme in Katastrophen führen werden. Das Überraschende war, daß da gar keine Antwort kam. Ich hatte zumindest mit einer systemgläubigen Antwort gerechnet, aber auch die kam nicht.

Eppler: Die Löcher, die das Nichts in *Phantásien*[1] gerissen hat und noch weiter reißt, hast du also auf dieser Tagung gespürt. Für den Technokraten ist Phantasie in diesem Sinne etwas zutiefst Suspektes, etwas im Grunde Unanständiges. Wer sich auch nur den Anschein gibt, diese Art Phantasie zu haben, wird in diesem Kreis wahrscheinlich schon gar nicht mehr ernst genommen. Ich könnte mir vorstellen, wenn der eine oder andere

---

1 *Phantásien:* Das Land der Phantasie in Michael Endes *Die unendliche Geschichte,* Stuttgart 1979

in der Lage gewesen wäre, deine Frage zu beantworten, er hätte sich vor den anderen geniert.

Ende: Geniert? Das wäre allerdings ein bedenkliches Zeichen, wenn es als unanständig gilt, sich Gedanken über eine lebenswerte Zukunft zu machen!

Tächl: Wenn ich das Wort »unanständig« mal wörtlich nehme, das Erhard Eppler gerade gebraucht hat, im Sinne von »etwas steht nicht an«, dann muß ich sagen: Für diese Manager ist Phantasie für die nächsten hundert Jahre gar nicht relevant und nicht so wichtig im Vergleich zu dem nächsten kleinen Schritt, der für sie Realität besitzt.

Ende: Aber das kann ich ja gerade nicht verstehen. Es war ja die ganze Zeit auf dieser Tagung von nichts anderem die Rede als davon, daß die Leute vom *Club of Rome* den Managern klargemacht haben: Wenn die Entwicklung so weitergeht, dann wird die Wärmeschwelle überschritten, dann werden die Ressourcen total verbraucht, dann laufen wir auf einen Abgrund zu. Es wurde von nichts anderem geredet, als davon, daß es so nicht bleiben kann, daß wir total neue Formen der Wirtschaft finden müssen, daß wir unsere Lebensweise ganz und gar umstellen müssen. Und wenn man nun fragt, was wünschen wir uns? worauf wollen wir vor allem Wert legen?, dann herrscht Schweigen im Walde. Wenn überhaupt Vorschläge gemacht werden, dann laufen sie meist darauf hinaus, vorsichtiger zu sein, die Natur noch etwas schlauer auszubeuten, so daß sie es vielleicht nicht gleich merkt und zurückschlägt. In Wirklichkeit will man gar nichts grundsätzlich ändern, man will es nur ein bißchen gerissener anstellen, aber das alte System im Grunde beibehalten. Das Ausbeuten der Natur gilt ja nicht als unanständig. Man will nicht begreifen, daß man der Natur für alles, was man von ihr nimmt, etwas zurückgeben muß.

Ich habe auch bei manchen Vorschlägen, die aus der ökologischen Ecke kommen, das Gefühl, daß man die grundlegende Veränderung, in die wir jetzt eigentlich einwilligen müssen, gar nicht sehen will. Ich befürchte, daß selbst diejenigen, die es besser wissen sollten, sich selbst einreden, daß im Grunde alles beim alten bleiben kann. Es ist einfach eine Tatsache, daß Industrieballungen, wie wir sie zum Beispiel im Ruhrgebiet haben, nicht aufrecht erhalten werden können, ohne eben einen ungeheuerlichen Verbrauch unersetzlicher und begrenzter Energien in Kauf zu nehmen. Das geht eben nicht endlos so weiter! Da liegen doch die wahren Probleme, über die wir uns keine Illusionen machen dürfen. Aber da traut sich keiner wirklich ran, und keiner wagt es, laut und deutlich zu sagen, daß diese Zentren auf lange Sicht abgeschafft werden und daß für die Zukunft ganz andere Formen von Industrie gefunden werden müssen. Industrie dürfte eben nicht mehr in Ballungen auftreten, sondern müßte dezentralisiert werden. Eine solche Dezentralisierung würde bereits geringere Mengen von Energie verbrauchen. Statt dessen versucht man die bestehenden Formen durch Atomenergiezentralen zu retten. Da treibt man den Teufel mit Beelzebub aus. Wir brauchen andere Wirtschaftsformen, andere Produktionsmethoden.

Solche Antworten und Vorschläge hatte ich mir eigentlich von den Managern im *Duttweiler Institut* erwartet. Genau so etwas hatte ich mir vorgestellt, als ich ihnen den Vorschlag machte, hundert Jahre in die Zukunft zu denken. Ich bin wirklich kein Fachmann auf wirtschaftlichem Gebiet, aber ich habe doch angenommen, daß man an jenem Abend über die Möglichkeiten sprechen könnte, wie man sich für die Zukunft eine Industrie denkt, die auf andere Grundlagen gestellt wäre. Die nicht auf Konkurrenz, sondern auf Zusammenarbeit basiert. Nur mal als Beispiel. Dann könnten viele Kleinbetriebe existieren, die meinetwegen aus fünfzig Menschen bestehen, was sowieso menschenwürdiger wäre, und die nur relativ wenig Energie verbrauchen. Nichts dergleichen kam...

Eppler: Wir haben schon vergessen, daß diese technokratische Utopie, die sich Zukunft nur als Fortschreibung des Üblichen, des Bestehenden vorstellen kann, bis etwa in die Mitte der sechziger Jahre noch eindeutig als positive Utopie empfunden wurde. Man konnte den Wohlstand alle zwölf Jahre, fünfzehn Jahre verdoppeln, und Hermann Kahn[1] hat Wachstumsraten bis ins vierte Jahrtausend fortgeschrieben...

Ende: Fabelhaft!

Eppler: Aber dann kamen die Zweifel, ob dies alles stimme, ob man so Zukunft erschließen könne. Aus der positiven Utopie wurde der Alptraum. Zuerst hat der *Club of Rome* errechnet, daß die Fortschreibung von Wachstumstrends in die Katastrophe führt, hat also aus der technokratischen Utopie eine negative Utopie gemacht. Die Manager, von denen du erzählt hast, stehen jetzt zwischen zwei für sie bedrückende Zukünften. Die eine Zukunft ist die des *Club of Rome*, heute würde man sagen, von *Global 2000*[2], wo ja noch viel exakter gerechnet wird. Wenn sie dieser bedrückenden Zukunft aber entgehen wollen, dann stellt sich die Frage: Was wird aus uns, wenn es nicht die drei oder vier Prozent Wachstum gibt? Muß dann nicht unser Betrieb, die Wirtschaft, das System zusammenbrechen? Diese Manager müssen befürchten, daß sie sehr viel früher

---

1 Hermann Kahn, *Vor uns die guten Jahre,* Wien 1977
2 cf. *Global 2000,* Der Bericht an den Präsidenten, Frankfurt 1980

in soziale und ökonomische Turbulenzen geraten. Sie fürchten um ihre Position. Und zwischen diesen beiden schlechten Zukünften wählen sie eben diejenige, die sie zu ihren Lebzeiten noch einigermaßen bewältigen können, also die Fortschreibung der Wachstumsgesellschaft. Sie überlassen den Rest, oder anders gesagt, die Sintflut, ihren Kindern und Enkeln.

Ende: Ja, das ist richtig. Irgend jemand hat mal gesagt: »Der dritte Weltkrieg hat längst begonnen, nur wird er diesmal nicht territorial geführt, sondern zeitlich. Wir führen einen Vernichtungskrieg gegen unsere eigenen Enkel«. Das ist sicher richtig... Aber was du sagst, Erhard, klingt so, als sei die ganze verteufelte Situation hauptsächlich Schuld der böswilligen Wirtschaftsleute.

Ich will jetzt zwar die Manager nicht unbedingt verteidigen, aber doch ein Wort zu ihren Gunsten reden. Ich hatte nämlich nicht den Eindruck, daß es sich bei diesen Leuten um Böswilligkeit handelt. Sie haben vielmehr vor ihrem eigenen System Angst – sie sitzen in einem Karussell, in dem einer hinter dem anderen herjagt und dieses Karussell dreht sich immer schneller und schneller. Das ist eben das Wesen einer auf Konkurrenz basierenden Wirtschaft. Keiner kann mehr aus diesem Karussell aussteigen – selbst wenn er möchte. Man jagt sich gegenseitig im Kreis, getrieben durch die Angst um den Markt, die Angst vor dem berühmten »ehernen Gesetz« von Angebot und Nachfrage... Um konkurrenzfähig zu bleiben, muß man halt soundsoviele Prozent Wachstum haben, denn nur dadurch ist es möglich, Ware billig herzustellen und in Mengen zu produzieren. Hierzu wiederum werden aber die entsprechenden Ressourcen benötigt... Denn wenn diese nicht angegriffen und verbraucht werden, dann kann man in diesem Teufelskreis nicht mehr mithalten. Ich glaube nicht, daß es die Einsichtslosigkeit oder der rücksichtslose Egoismus der Wirtschaftsleute ist, was die Sache so schlimm macht. Es ist das System selbst.
Und was ich an dieser ganzen Geschichte so beängstigend finde, ist, daß sich das Wirtschaftssystem selbständig gemacht hat. Gerade daß niemand es steuert, niemand es mehr steuern kann, ist das Verhängnis. Das wildgewordene Karussell dreht sich im Kreise herum, und niemand kann es mehr anhalten. Die Leute, die darin sitzen, wissen oder ahnen zumindest, daß irgendwann einmal das Ganze nach allen Seiten auseinanderfliegen muß, aber sie wissen nicht, was sie tun können – oder sie können nichts mehr tun. Sie machen die Augen zu.

Eppler: Ich bin mir aber nicht ganz sicher, ob es tatsächlich keiner kann. Vielleicht ist es auch nur so, daß niemand die Phantasie hat, sich etwas anderes vorzustellen. Neuerdings klingt bei manchen Technokraten auch ein gewisses Pathos des Tragischen durch: Wir wissen, daß das alles nicht mehr lange funktionieren kann – wir wissen, daß es im Grunde falsch ist, aber es gibt eben nichts anderes. Und es gibt nichts anderes, weil im technokratischen Denken, vielleicht bereits in der ganzen Gesellschaft, die kreative Phantasie entweder abgestorben ist oder aber aus Interessengründen heraus diskriminiert und tabuisiert wird. Kreative politische Phantasie könnte die Machtstrukturen der Gesellschaft gefährden, also muß man sie lächerlich machen.

Tächl: Ich kann mir gut vorstellen, daß es für diese Manager schwer ist, sich neue Wirtschaftsformen zu denken, solange sie nicht bereit sind, ihren Status aufzugeben, der sie abhängig macht.
Es ergeben sich eben beim Suchen nach neuen Wirtschaftsformen schnell unbequeme, fundamentale Fragen wie zum Beispiel nach den Eigentumsverhältnissen an den Produktionsmitteln. Um die kommt man sicher nicht herum.

Warum sollen sich nicht immer mehr Menschen zusammenfinden, um unter menschlicheren Bedingungen zu produzieren, zum Beispiel in kleineren Arbeitsgemeinschaften, von denen du vorhin gesprochen hast, Michael. Es ist doch auch denkbar, daß ein Betrieb denen gehört, die in ihm arbeiten. Und warum sollen nicht die Mitarbeiter einer Arbeitsgemeinschaft darüber entscheiden, wer welche Arbeit tut und wer von ihnen am besten geeignet ist, als Manager den Betrieb zu leiten?

Genauso denkbar ist es, daß die Frage nach der Entlohnung neu gestellt wird, daß man das Schema Lohn-Arbeitszeit oder Lohn-Leistung aufgibt und lieber in Gesprächen innerhalb der Arbeitsgemeinschaft die Höhe der Entlohnungen vereinbart, entsprechend den Möglichkeiten des Betriebes, die jedem einsichtig sind. Da ist dann der ganze Mensch einbezogen, und das ist doch wohl die Grundlage und der Sinn kulturellen Lebens überhaupt!

Soll ich das eine Realutopie nennen? Gut. Aber um diese Kultur, in der das Wirtschaftsleben ein Faktor unter anderen ist, um die geht es doch hier.

Ende: Ja, da hast du recht. Es geht genau darum, ob der Fehler nicht darin liegt, daß man das Wirtschaftsleben immer ausschließlich unter wirtschaftlichen Gesichtspunkten sieht. Vielleicht ist das gar nicht richtig. Mir scheint nämlich, daß man die Wirtschaft als ein Kulturproblem verstehen muß. Das Regulativ für die wirtschaftlichen Vorgänge müßten wir von einem ganz anderen Lebensgebiet aus finden. Wenn ich nämlich das wirtschaftliche Leben immer nur als ein eigenständiges, autonomes Gebilde verstehe, das nur seinen eigenen Gesetzmäßigkeiten folgt, dann hätte es gar nichts mit den übrigen Bereichen menschlichen Lebens zu tun. Aber kein Mensch lebt nur als Konsument oder Produzent oder Finanzmann... Das Regulativ für die Ökonomie müßte doch von einer ganz anderen Seite kommen, oder?

Eppler: Inzwischen gibt es auch unter Ökonomen Leute, die spüren, daß jede Ökonomie falsch wird, wenn sie die außerökonomischen Fakten außer acht läßt. Es gibt in Amerika ein Buch über »Slowth« – das ist die Verlangsamung des Wachstums. Hier wird nachgewiesen, daß das Wachstum deshalb geringer wird, weil viele Menschen bestimmte Dinge einfach nicht mehr haben wollen. Das heißt doch, daß sich in den Wertvorstellungen und in den Bedürfnissen der Menschen etwas verändert hat. Diese Veränderung überträgt sich dann auch auf die Wirtschaft.

Die andere Seite des Problems ist natürlich, was in der marxistischen Ökonomie die Kapitalverwertung genannt wird. Jedes Kapital muß eben Rendite abwerfen, und jeder Manager muß seinen Aktionären Dividende auszahlen können, sonst war er die längste Zeit seines Lebens Manager – dafür sorgen dann die Aktionäre und der Aufsichtsrat.

Ende: Da wären wir nun also bei dieser verteufelten Rentabilitätsfrage...

Eppler: Ja, und das Schlimme ist, daß viele Manager einsehen, daß das, was das System von ihnen verlangt, auf die Dauer nicht mehr funktionieren kann. Sie sollen den Umsatz steigern, um Gewinn abliefern zu können. Aber sie wissen inzwischen, daß dies nicht mehr beliebig lange und meist nur auf Kosten der Konkurrenten möglich ist. Das Wachstum der einen wird zur Schrumpfung, zur Pleite der anderen. Aber sie sehen keinen Ausweg.
Ich möchte aber an dieser Stelle noch auf etwas anderes...

Die Tür des Wohnzimmers wird aufgestoßen, und die zwei Hunde der Endes – Tinca und Sciuscia – stürmen bellend in das Zimmer hinein. Einige Minuten lang herrscht absolute Konfusion. Man versteht nicht einmal mehr sein eigenes Wort. Sobald dann die Hunde alle Gesprächsteilnehmer beschnuppert haben, suchen sie sich ein gemütliches Plätzchen in der Nähe des brennenden Kaminfeuers und machen es sich bequem. Damit kehrt dann auch die für die Konzentration nötige Ruhe wieder, und wir können das Gespräch fortsetzen lassen...

Eppler: Ja, ich will noch auf das eingehen, was Hanne Tächl vorher als Realutopie bezeichnet hat. Eine solche Utopie existiert heute aus guten Gründen nicht mehr. Wer heute ein Bild, ein Wunschbild mit Realitätsgehalt unserer Gesellschaft für das Jahr 2030, also in fünfzig Jahren, malen wollte und dies mit der Verbindlichkeit eines Karl Marx, der würde wohl zurecht nicht ernst genommen werden. Marx erhob für seine Utopie den Anspruch der Wissenschaftlichkeit. Er meinte die Gesetze der Geschichte entdeckt zu haben. Dies alles geht heute nicht mehr. Was vielleicht noch ginge, wäre eine poetische Utopie, ein wirkliches *Phantásien*.

Die Schwierigkeit besteht heute darin, Zukunft zu erschließen, Schritt für Schritt, in einer Zeit, in der die alten großen Utopien wie die von Marx absterben, die Utopie der Technokraten sich als miserabel erweist und eine neue, seriöse Utopie offenbar menschliche Fähigkeiten übersteigt. Da besteht die Gefahr, daß nichts anderes übrig bleibt als entweder das Weiterwursteln in der Hoffnung, daß man selbst noch gerade über die Runden kommt – und das spüren die jungen Leute, deshalb die Aggressivität gegenüber den Älteren – oder aber das Eingeständnis der völligen Hilflosigkeit.

Ende: Ich sehe allerdings noch einen anderen Grund. Genau das, was du sagst, verstehe ich eigentlich unter der »Kulturfrage«. Wenn du sagst, eine Utopie kann poetisch sein, oder sie kann gesamtmenschlich sein, oder sie kann eine neue Vorstellung davon sein, wie Menschen überhaupt miteinander umgehen wollen, wie Menschen überhaupt miteinander leben wollen, dann ist das eine Wertutopie, und die hat es eigentlich immer gegeben. Sie ist meiner Ansicht nach sogar das Wesen jeder Kultur gewesen: Es wird da etwas hinausprojiziert in die eigene Zukunft, und man lebt diesem Entwurf hinterher...

Tächl: Genau da setzen die Jüngeren, besonders die sogenannten Alternativen an und sagen: Wo wir ein Ziel ansteuern, das erst in einer fernen Zukunft erreicht werden kann, leben wir im individuellen Bereich ab sofort danach und zwar so, daß in den kleinen Schritten Freude und Sinnerfüllung bereits erlebt werden, also im Kleinen sich das Große widerspiegelt.
Das gelingt freilich nur dann, wenn das Ziel und die Mittel, mit denen ich es erreichen will, sich nicht widersprechen.
Grob ausgedrückt: Ich kann nicht mit täglichen Haßempfindungen das Langzeitziel „Weltfrieden" ansteuern wollen.

Es gibt ein schönes Gebet, in dem die Rede ist von »Liebe zu allem, was um mich ist«. Mit solchen Gedanken komme ich nicht nur dem Ziel

»Frieden« näher, sondern ich selber erlebe auch eine Freude, die mich befähigt, auf einem langen Weg nicht aufzugeben. Sie macht mich sogar ein Stück weit unabhängig von den üblichen Erfolgsvorstellungen. Schließlich gehört eine ganze Portion Mut und Zuversicht dazu, Ziele zu verfolgen, von denen ich nicht weiß, wie weit ich sie je erreichen kann – zum Beispiel die Wiederherstellung des ökologischen Gleichgewichts. Da hat eben jeder Schritt, der in diese Richtung geht, in sich seinen Wert.

Für mich ist diese Freude aber auch noch ein Zeichen dafür, ob ich mich auf dem richtigen Weg befinde. Wenn sie sich nicht einstellt, sollte ich mißtrauisch werden und meine Vorgehensweise überprüfen.
Ich glaube, dieses Bewußtsein davon, daß in diesem Sinne Ziel und Weg sich entsprechen müssen, nimmt zu.
Auch das Bewußtsein für den Zusammenhang zwischen individuellem Handeln und dem Gemeinwohl. Am Beispiel Ernährung erlebt das wohl jeder. Wenn ich Nahrungsmittel haben will, die frei sind von chemischen Stoffen, dann muß ich mich dafür interessieren, woher die Produkte stammen, die ich da kaufe, und dann erfahre ich auch, wen ich mit meinem Kauf unterstütze.
Helfe ich Gleichgesinnten mit meinem Geld, dann tue ich auch etwas für das Ziel »Gesunde Kost« überhaupt. Und wenn ich dann noch durch Gespräche das Bewußtsein gemeinsamen Handelns wecke oder stärke, dann habe ich einiges erreicht: etwas Zeitgemäßes, das in die Zukunft weist.

Ende: Ich glaube, daß das eigentliche, noch nicht explizit formulierte Anliegen der jungen Generation darin liegt, daß sie wieder eine Kultur haben will. Wobei ich jetzt unter Kultur nicht diesen typisch bürgerlichen Bildungsbegriff verstehe, der mit Kultur einen »gehobenen« Anspruch verbindet, dem man sich widmet, wenn die realen Pflichten und Bedürfnisse des Alltags erfüllt sind und am Sonntagnachmittag nach dem Kalbsbraten die Tochter des Hauses ein paar Schubert-Lieder auf dem Klavier spielt.
Nein, ich verstehe unter Kultur vielmehr die Gemeinsamkeit von Lebensformen, von Wertzusammenhängen, von Lebensgebärden – wenn ihr mir den Ausdruck erlaubt –, die eine Epoche oder eine Gesellschaft besitzt, in der sie sich wiedererkennt und in der sie sich auch selbst darstellt. Aber Kultur in diesem Sinne – und da kommen wir jetzt meiner Ansicht nach auf den eigentlichen springenden Punkt der ganzen Geschichte – Kultur entsteht nicht aus einer materialistischen Weltanschauung heraus. Unser ganzes Denken ist aber noch immer – vor allem auch das naturwissenschaftliche Denken – aus dem Materialismus des 19. Jahrhunderts heraus geprägt. Das ganze Begriffsrüstzeug, das wir haben,

ist eigentlich immer noch materialistisch geprägt, bis in die Denkformen hinein, die da vorliegen. Das rein kausallogische Denken zum Beispiel ist in bestimmten Bereichen berechtigt. In der Physik, in der Chemie. Wenn ich aber auch den Menschen nur als ein kausales Gebilde sehe, als ein in Kausalitäten eingebundenes Wesen, dann kann ich keine Wertvorstellungen entwickeln, dann ist alles Reden von Kultur, von Lebensqualität leeres Phrasendreschen.

Eppler: Wenn man das, was Hanne Tächl gesagt hat, ernst nimmt, hieße das: Die jungen Leute probieren, auf neuen Wegen weiterzukommen, auch wenn man noch nicht genau weiß, wohin sie führen. Das ist das, was ich mit *Trampelpfaden*[1] gemeint habe. Klar ist, in welcher Richtung und auf welchen Straßen die Katastrophe lauert. Also versucht man in anderer Richtung Pfade zurechtzutrampeln, auch wenn es dabei zerrissene Hosen und blutige Finger gibt. Erst nach dieser Phase der Suche kann eine neue Kultur entstehen.

Ende: Ich sehe in dem, was sich da jetzt entwickelt und in den letzten vier, fünf Jahren deutlich geworden ist, einen viel tiefer gehenden Bewußtseinswandel, als im allgemeinen angenommen wird. Ich glaube tatsächlich, daß wir das Ende einer bestimmten Entwicklung erreicht haben, was vor allem das abstrakt-begriffliche Denken betrifft. Ich habe fast den Eindruck – mag sein, daß das jetzt übertrieben klingt –, als ob sich gewisse Denkformen totgelaufen hätten, die etwa mit dem 16. Jahrhundert angefangen haben, mit Giordano Bruno, Galileo Galilei und Newton. Es handelt sich um jenes Denken, das die Einheit der Welt in eine objektive Wirklichkeit und eine subjektive Innerlichkeit zerrissen hat, so als gäbe es eine tatsächliche Welt auch ohne menschliches Bewußtsein. Man sagte damals: Tun wir einmal so, als gäbe es überhaupt kein menschliches Bewußtsein, und prüfen wir, wie die Dinge »an sich« sind. Dabei hat man allerdings außer acht gelassen, daß zu einem solchen »als ob« zumindest *ein* menschliches Bewußtsein nötig ist, nämlich das, was sich das menschliche Bewußtsein wegdenkt. Die Realität ist eben anders. Die Realität – die einzige, die wir kennen – ist die Realität mit Menschen. Am Anfang des 16. Jahrhunderts war man sich noch dessen bewußt, daß die Spaltung in eine objektive und eine subjektive Welt eine reine Fiktion war, um bestimmte Untersuchungen anzustellen. Im Laufe der Jahrhunderte scheint man aber total vergessen zu haben, daß diese Dualität auf einer Fiktion beruht. Heute sind die meisten Menschen überzeugt, daß es eine objektive und eine subjektive Welt gibt. Inzwischen ist es ja sogar so weit gekommen, daß man das Wort »objektiv«

---

1 Der Begriff *Trampelpfade* stammt aus Erhard Epplers *Wege aus der Gefahr*, Reinbek, 1981

geradezu zum Synonym für »wahr« gemacht hat. Es gibt ja schon diesen schönen Ausdruck, den man häufig in Zeitungen lesen kann: »Das ist objektiv wahr«. Niemand hat mir bisher erklären können, was er eigentlich bedeutet. Die Bezeichnung »subjektiv« ist dagegen ein Synonym für »illusorisch« geworden. Damit ist man in eine Sackgasse des Denkens geraten, die jede weitere Entwicklung der Erkenntnis unmöglich macht. Das ist einfach ein falscher Wirklichkeitsbegriff! Meiner Ansicht nach kann der nur überwunden werden, wenn man diese Dualität aufhebt, die Fiktion wieder als solche kenntlich macht und begreift, daß das menschliche Bewußtsein und die Welt eine unlösbare Einheit bilden und Kehrseiten ein- und derselben Münze darstellen. Jede Erkenntnis setzt ein erkennendes Bewußtsein voraus, also ein Subjekt. Wer das begriffen hat, kann unmöglich Materialist sein.

Eppler: Dies geht wohl gegen Descartes. Die »Res cogitans« und die »Res extensae« – der Mensch, das denkende Ding, wobei dann das Tier eine »res extensa« ist, genauso wie ein Stein oder ein Metall. Diese Unterscheidung hat natürlich auch zur Entleerung des Naturbegriffs geführt. Wenn wir heute begreifen, daß es so nicht geht, ist dies ein weiterer Hinweis darauf, daß dieser Umschwung im Denken, mit dem wir jetzt zu tun haben, am ehesten mit dem in der Renaissance vergleichbar ist.

Ende: Ja, ich frage mich manchmal, ob nicht überhaupt das, was im europäischen Denken mit Sokrates angefangen hat, also das dialektische Denken überhaupt, jetzt in unserem Jahrhundert zu Ende geht, und damit eine viel einschneidendere Wandlung stattfindet als die, die im 16. Jahrhundert vorging.

Mit Sokrates hat im Grunde das argumentierende Denken angefangen, das die Vorsokratiker noch nicht kannten. Denen war es ja um »das Vortreffliche«, um die Qualität zu tun. Man kann sagen, daß das heraklitische Denken dem asiatischen, dem zenbuddhistischen Denken viel verwandter ist als irgendeinem begrifflich-logischen Denken von heute. Die Sokratiker haben eigentlich angefangen zu glauben, man könne durch das logische Argument zu Wahrheiten gelangen und mit diesen Wahrheiten etwas Festes, etwas »Objektives« in der Hand haben. Aus diesen Überlegungen heraus hat sich dann im 16. Jahrhundert das nur noch quantifizierende Denken ergeben. Man hielt nur noch das für wahr, was zählbar, meßbar oder wägbar war und leugnete schließlich sogar die Wirklichkeit aller Qualitäten, weil die eben nicht durch ein quantifizierendes Denken zu fassen sind. Schönheit ist nun einmal nicht meßbar, dennoch gibt es sie. Aber ihre Wahrnehmung ist nicht vom Wahrnehmenden zu trennen. Da gibt es kein Außen und kein Innen.

Die Qualität – so wie ich diesen Begriff jetzt verstehe – ist das erste, das ursprünglichste Erlebnis, das man überhaupt von der Welt hat. Das Qualitätserlebnis ist immer das erste, es geht allem Denken voraus, das quantifizierende Denken kommt erst viel später. Wenn ich einen Baum sehe, dann nehme ich nicht als erstes etwas Quantifizierbares wahr, sondern ich nehme eben die Qualität, die Wesenheit Baum wahr, das Grün, das Lebendige und all seine charakteristischen Merkmale. Das sind alles Qualitäten, die ich nicht messen, wägen, zählen kann, sondern die ich zunächst einmal erleben muß. Auch das muß ich natürlich erst lernen, üben, ich muß dazu erzogen werden. Die Griechen und andere Kulturen wußten das, und ihre Pädagogik hatte dieses Ziel. Unsere heutige offizielle Pädagogik tut gerade das Gegenteil. Sie ist eben wissenschaftsgläubig. Im naturwissenschaftlichen Weltbild von heute wird nur noch das für wahr gehalten, was ein einzelnes, farbenblindes Auge von der Welt wahrnimmt, und auch davon nur das, was sich in Zahlen ausdrücken läßt, alles andere ist reine Illusion. Die Farben Rot oder Blau existieren in Wirklichkeit nicht, sie werden nur subjektiv von unserem Gehirn erzeugt – was wir wahrnehmen, sind da in Wirklichkeit nur lange oder kurze Lichtwellen, die unsere Sehnerven entsprechend stimulieren. Schwingungen, die man in Zahlen ausdrücken kann.

Im Grunde wird alles zur Illusion erklärt, was Qualität ist, also auch die moralischen oder ästhetischen Werte. Als Musterbeispiel dafür könnte man etwa Bücher anführen wie *Jenseits von Freiheit und Würde* des amerikanischen Verhaltensforschers Skinner[1] oder *Zufall oder Bestimmung* des französischen Chemikers Monod[2]. Aber damit verliert man buchstäblich die Wirklichkeit der Welt. Ich habe den Eindruck, daß wir jetzt genau den Punkt erreicht haben, an dem die Einseitigkeit dieses Denkens erkannt wird. Spätestens seit der Atombombe wird die Frage immer lauter, wohin uns die ganze wissenschaftliche Aufklärung gebracht hat.

Auch führende Naturwissenschaftler haben begonnen, sich mit diesen Fragen zu beschäftigen. In Aufsätzen von Heisenberg finden sich erstaunliche Eingeständnisse: Er schreibt zum Beispiel, daß Goethes Naturwissenschaft, eine anti-newtonsche Naturwissenschaft, die auf Erkenntnis der Qualitäten in der Natur ausgerichtet ist – Goethe bezeichnet sie als »Urphänomene« –, nicht deswegen im Wettkampf mit der Lehre Newtons verloren habe, weil sie etwa nicht wahr gewesen sei. Sie sei vielmehr mindestens genauso wahr, vielleicht sei sie sogar »wahrer«, aber sie sei unanwendbar. Man könne mit ihr nichts

---
1 Burrhus Frederic Skinner, *Jenseits von Freiheit und Würde*, Reinbek 1973
2 Jacques Monod, *Zufall und Notwendigkeit. Philosophische Fragen der modernen Biologie*, München 1971

»machen«. Aus der naturwissenschaftlichen Lehre Newtons dagegen habe sich die ganze moderne Technologie entwickelt, denn mit ihr habe man etwas »machen« können. Dieses Machbarkeitskriterium steckt schon seit Bacon in der Forschung. Seit Bacon wird prinzipiell das für richtig gehalten, was man im Experiment reproduzieren kann, was also »machbar« ist.

Tächl: Dann hat man also Prioritäten gesetzt! Und wenn auf diese Art das Interesse in eine bestimmte Richtung gelenkt ist, ist der Blick für bestimmte Realitäten versperrt, nämlich für die, die der Naturwissenschaft nicht zugänglich sind.

Ende: Ja, natürlich. Es wurde überhaupt nur das, was man durch beliebig wiederholbare Experimente erhärten konnte und was damit vorhersagbar wurde, für richtig und wirklich gehalten. Unter den gleichen Bedingungen muß das gleiche Resultat herauskommen. Wenn das dann auch wirklich eintrifft, dann kann ich sagen: »Jetzt haben wir es mit einer wissenschaftlichen Richtigkeit zu tun.« Die Idee der Machbarkeit ist inzwischen so stark in die Köpfe eingedrungen, daß man der festen Überzeugung ist, alles müsse und könne wissenschaftlich »gemacht« werden, auch Gesellschaften, geplante Städte, menschliche Verhaltensweisen, allgemeines Glück und Weltfrieden.

Eppler: Willst du damit sagen, daß die europäische Entwicklung der letzten Jahrhunderte zu dem argumentierenden, quantifizierenden Denken hin nur falsch war? Steckt darin nicht eine wesentliche Errungenschaft des menschlichen Bewußtseins?

Ende: Nein, ich will damit nicht sagen, daß es sich um eine falsche Entwicklung gehandelt hat. Sie ist ja eine historische Tatsache. Geschichtliche Tatsachen sind eben, was sie sind und weder richtig noch falsch.

So wie auch persönliche Erfahrungen – selbst die schlimmsten – weder richtig noch falsch sind. Sie haben uns zu dem gemacht, was wir jetzt sind. Entscheidend ist nur, welche Konsequenzen man aus den Erfahrungen zieht. Es gibt ja auch höchst notwendige Irrtümer. Ohne die Erfahrung des Irrtums gäbe es für uns auch kein Erlebnis der Wahrheit. Erst durch die Auseinandersetzung mit dem Irrtum des Materialismus hat sich unser Bewußtsein für die Wirklichkeit des Geistes geschärft. Außerdem hat er uns vieles gebracht, was ohne ihn vermutlich nie entstanden wäre. Ich glaube, daß wir die Technik sehr nötig haben für die Menschheitszukunft. Davon abgesehen möchte ich persönlich ganz und gar nicht auf das elektrische Licht und das Wasserklosett verzichten. Ich glaube sogar, daß die modernen Massenkommunikationsmittel einen sehr großen Anteil daran haben, daß sich heute in den Menschen ein gesamtmenschheitliches Bewußtsein bildet, dem es eben nicht mehr egal ist, wenn »unten fern in der Türkei die Völker aufeinander schlagen«. Die Frage, die mich beschäftigt, lautet nicht: Entweder »zurück zur Natur« oder »Technologische Barbarei«, sondern »Wie sieht eine zukünftige Kultur mit Technik aus?«

Ich weiß nicht, ob bereits das bewußte Erkennen des Prozesses, der zu unserer jetzigen Eindimensionalität im Denken geführt hat, eine neue Denkform einleiten könnte. Ich nehme an, daß da eine Art Mutation im Denken erfolgen muß – wir müssen einen »Bewußtseinssprung« machen. Das gab es ja öfter im Laufe der Geschichte. Die Probleme, die sich aus dem kausallogischen Denken ergeben haben, müssen wir aus einem ganz neuen, übergeordneten Bewußtsein heraus lösen. Das heißt aber nicht, daß ich die stattgefundene Entwicklung des nur quantifizierenden Denkens für etwas halte, das rückgängig gemacht werden sollte oder könnte, oder das es besser nie gegeben hätte. Es dreht sich darum, darüber hinauszukommen, nicht dabei stehenzubleiben, sondern in eine neue Vieldimensionalität durchzustoßen.

Tächl: Ich glaube, diese Mutation im Denken, von der du, Michael, sprichst, ist schon in vollem Gange: Das zeigen in Ansätzen die Grünen, das zeigen die sogenannten »Aussteiger«, die gleichzeitig Einsteiger sind, das zeigen überhaupt die Alternativen in verschiedenen Weisen. Hier geschehen dauernd Bewußtseinssprünge, die sicher mit entstanden sind dadurch, daß man gemerkt hat, man kann und soll nicht alles *machen*. Man schaut zum Beispiel viel mehr auf den Weg, auf dem man etwas erreichen will, nicht nur auf das Ziel. Wenn man dazu kommt, den Prozeß mindestens so wichtig zu erachten wie das Produkt, dann ist das doch eine ganz neue, wesentliche Qualität...

Es läutet. Die Hunde, die bis dahin ruhig dösend in der Nähe des Kaminfeuers lagen, fahren auf und beginnen wie wild zu bellen und zu knurren. Sie werfen sich gegen die Tür, um ins Freie zu gelangen. Ingeborg Hoffmann erscheint und öffnet den Hunden die Tür. Michael Ende seufzt und bittet seine Frau, die Hunde nicht mehr während des Gesprächs in das Zimmer zu lassen, dann entschuldigt er sich bei Erhard Eppler und Hanne Tächl.

Ende: Es tut mir leid...

Tächl: Ach, weißt du, es ist einfach eine überzeugende Qualität, wenn die Hunde bellend in Richtung Tür stürmen...

Zu allem Übel fällt auch noch der Strom aus. Das Gespräch ist ganz aus den Fugen geraten. Mit Bleistift und Papier wird stichwortartig die folgende Anekdote Michael Endes zu dieser kleinen Katastrophe festgehalten:

Ende: Das wird heute nicht das letztemal sein, daß der Strom ausfällt. So etwas passiert hier in Genzano, in der unmittelbaren Nähe der Weltstadt Rom öfters. Ich behaupte ja, daß es oben in dem Städtchen einen alten Mann gibt, der den Beruf hat, die großen, dicken elektrischen Drähte zusammenzuhalten. Manchmal schläft er bei der Ausübung seines Berufes ein, die Kabel sind nicht mehr miteinander verbunden, der Strom fällt aus. Dann muß erst ein Neffe in das Haus des alten Mannes geschickt werden, der muß ihn wecken und sagt: »Giuseppe, du bist wieder eingeschlafen...«. Der alte Giuseppe reißt sich daraufhin zusammen und verbindet die Drähte wieder.

Tächl: Für eine unbestimmte Weile...

Ende: Bis ihn halt der Schlaf wieder übermannt...

Inzwischen war Giuseppe aber aufgewacht, so daß schon seit einigen Minuten wieder Strom da ist und das Tonbandgerät läuft. Bleistift und Papier werden wieder hingelegt...

Eppler: Das Licht, das uns jetzt wieder leuchtet, verdanken wir doch nicht nur dem wiedererwachten Giuseppe. Es hat auch etwas mit der Wissenschaft zu tun, die auf vernünftiger Reflexion beruht. Ich fürchte, daß wir noch ein wenig über die Vernunft reden müssen...

Tächl: Fürchte dich nicht!

Eppler: Wenn eine ganze Kultur in der Weise wie die unsere, auf dem rationalen Denken aufgebaut ist, dann kann eine solche Mutation, wie wir sie alle sehen, nicht antirational, nicht irrational sein, sondern sie müßte die Ratio im Hegelschen Sinne wieder aufheben. Das heißt aber auch, sie mitnehmen und aufbewahren, denn sonst gäbe das einen fürchterlichen Kollaps und keine Kultur. Es geht nicht darum, die Aufklärung rückgängig zu machen, sondern die Aufklärung über sich selbst und ihre Wirkungen aufzuklären.

Ende: Ja! Nur kann auch der Rationalismus völlig unvernünftig werden, wenn wir bedenken, daß er uns die Möglichkeit des vierzigfachen »Overkills« beschert hat.

Eppler: Unsere Zivilisation gründet auf der Ratio, auf der Naturwissenschaft und auf einer Technik, die diese Wissenschaft umsetzt. Als ich die *Momo* weggelegt habe, dachte ich mir, nun sind die *Grauen Herren* zwar weg, aber die Autos fahren dennoch weiter. Das heißt doch wohl, der Kampf gegen die *Grauen Herren* muß zuerst einmal innerhalb unserer Zivilisation geführt werden. Er bietet aber keine grundsätzliche Alternative zu dieser unserer Zivilisation.

Ende: Richtig! Es wäre ein völliges Mißverständnis des Buches, zu glauben, mit ihm seien die Fragen der Industriegesellschaft zu lösen. Das war auch gar nicht meine Absicht und mein Ziel. Mir war es vielmehr darum zu tun, die Bilder unserer heutigen Umwelt in Innenbilder zu verwandeln, also dasselbe zu machen, was die Märchenerzähler früherer Zeiten mit ihrer Umwelt getan haben.

Ich erinnere mich gut daran, wie mir Malte Dahrendorf einmal in einer Diskussion vorwarf, daß ich die Gesellschaft der Ausbeuter als eine Geister- oder Gespenstergesellschaft zeige. Er fand, das sei ein Ausweichen vor dem eigentlichen Problem. Er meinte, man könne doch die Leute, die die Ausbeuter sind, mit Vornamen und Nachnamen nennen. Ich antwortete ihm damals, daß ich nicht glaube, daß die Problematik, in der wir heute stehen, die Problematik der kapitalistischen Gesellschaft überhaupt, durch den bösartigen Charakter einiger weniger Ausbeuter zustande käme...

Eppler: Ein völlig unmarxistisches Denken übrigens!

Ende: ...Mir ging es darum, ein unmenschliches, antimenschliches System zu zeigen. Ich wollte eben gerade die Moral der Wildwestfilme vermeiden, in denen man alle Bösewichte, die bekanntlich immer schwarze Hüte aufhaben, totschießt. Und dann ist die Welt wieder in Ordnung.

Ein weiterer Kritikpunkt Malte Dahrendorfs war es damals, daß ich bei der Lösung der Geschichte einen metaphysischen *Meister Hora* eingeführt habe. Man wüßte doch genau, daß wir unsere Probleme alleine zu lösen hätten und nicht mit einer metaphysischen Hilfe rechnen könnten. Ich sagte darauf, Herr Dahrendorf, da haben Sie das Buch nicht richtig gelesen, denn in dem Moment, wo *Momo* gegen die *Grauen Herren* kämpfen muß, schläft *Meister Hora* und kann ihr überhaupt nicht helfen. Da ist sie alleine. *Meister Hora* gibt ihr nur die Chance, diesen Kampf zu kämpfen. Und man kann ja nicht leugnen, daß es in der Weltgeschichte Augenblicke gibt, wo solche Kämpfe begünstigt sind, wo das Schicksal sozusagen alle Voraussetzungen schafft, diesen Kampf zu kämpfen. Ich wollte mit der *Momo* eine bestimmte menschliche Haltung zeigen, ein Menschenbild, einen Anti-Helden, wenn ihr so wollt.

Aber ich habe mir nie eingebildet, die Fragen der Industriegesellschaft mit einer einzigen Geschichte lösen zu können. Solche Absichten oder Möglichkeiten sind nachträglich von anderen hineingesehen worden.

Ich halte es, offen gesagt, für ausgeschlossen, eine Geschichte oder ein Märchen zu erfinden, das eine fertige, konkrete Lösung der Fragen der Industriegesellschaft enthält. Noch nicht einmal im Modell. Aufgabe des Schriftstellers kann es nur sein, soziales Bewußtsein zu schaffen. Und das hat die *Momo* ja auf ihre Art bewirkt. Ihr Verhalten wird ja von vielen Leuten – vor allem jungen – als Möglichkeit akzeptiert. Das Problem der Industriegesellschaft ist meiner Ansicht nach völlig anders anzugehen. Es ist kein individuelles Problem, sondern eines der Sozietät, also vieler Individualitäten. Aus dieser Vielheit ist es ja entstanden. Schon allein unsere Maschinen sind die Summe vieler Einzelerfindungen, keine einzige hat nur einen einzigen Erfinder, sondern jede setzt das technologische Erbe vieler Generationen voraus. Die Technik ist eine menschliche Gemeinschaftsschöpfung und kann auch nur durch die Gemeinschaftsleistung vieler bewältigt werden. Das kann nicht eine einzelne *Momo*. Aber sie kann diese Gemeinschaft herstellen helfen. Bei der *Momo* ging es mir einfach darum, einen Gegentypus zu den *Grauen Herren* zu schaffen. Aber allein stehend und ohne ihre Freunde ist sie hilfloser als alle. Gerade sie braucht ihre Freunde – sonst geht sie zugrunde.

Eppler: *Momo* ist und bleibt in einer Welt, in der es sie gar nicht geben dürfte. Der Vater von dem Balthasar Bastian Bux macht nach wie vor Gebisse. Die Lebensumwelt, in die dieser Junge zurückkommt, ist doch auch im wesentlichen unverändert geblieben, oder?

Tächl: Ja, aber es ist eine neue Gemeinschaft entstanden!

Ende: Was ist denn schlecht daran, daß der Vater Gebisse macht? Warum soll sich das ändern? Vor allem geht es hier um etwas anderes. In der *unendlichen Geschichte* handelt es sich um einen inneren Entwicklungsvorgang von Bastian. Er muß ja überhaupt erst lernen, sich mit seinen Problemen zu konfrontieren. Er flieht, aber seine Flucht ist notwendig, denn sie verwandelt ihn, sie gibt ihm ein neues Selbstbewußtsein, das ihn fähig macht, die Welt in Angriff zu nehmen. Die Geschichte hört auch damit auf, daß er diese ersten zwei Angstschwellen überschreitet, die dem Vater gegenüber, die dem Koreander gegenüber und damit Schluß. Wie es nun weitergeht, ist eine andere Geschichte und müßte wirklich ein andermal erzählt werden. Hier handelt es sich um einen Bildungsroman im alten Sinne, hier wird eine innere Entwicklung beschrieben, und das hat mit den Fragen der Industriegesellschaft, der Technologie und alldem nichts zu tun. Diese Fragen tauchen höchstens als Bildbestandteile in *Phantásien* auf, weil sie in jedem von uns vorhanden sind. Es soll aber überhaupt keine Lösung in gesellschaftlicher Hinsicht angeboten werden, eben weil es sich bei Bastian um seine ganz individuelle Odyssee handelt.

Tächl: Ein zentraler Aspekt ist aber bei der *Momo* wie bei dem Bastian aus der *unendlichen Geschichte,* daß neue Gemeinschaftsbildungen in verschiedenen Formen dargestellt werden. Am Ende hat man Vorschläge und Anregungen empfangen, die man sich durchaus zu eigen machen und auf seine unmittelbare Umgebung anwenden kann.

Ende: Eben! Die gesellschaftliche Frage ist nicht für sich allein zu behandeln. Sie hängt ja ab von unserer Vorstellung vom Menschen.
Es dreht sich also um Werte, die wir neu finden müssen; vielleicht werden wir dabei feststellen, daß es ganz alte Werte sind, aber indem wir sie neu finden, sind es eben neue. Mir ging es zum Beispiel unter anderem – nur weil wir schon gerade bei dem Thema sind – in der *Momo* darum, einen völlig anderen Heldentypus zu finden. Normalerweise nämlich ist der Held immer einer, der handelt. Ich wollte einmal einen Helden erfinden, der gerade durch sein Nichtstun Held ist. Alle unsere Helden, bis zu John Wayne oder Gary Cooper hin oder den Kriegshelden oder selbst Che Guevara, wie auch immer diese Heldenbilder heißen, sind im Grunde noch immer mehr oder weniger verkommene Artus-Ritter, sind jedenfalls immer Täter. Mir ging es darum, ein Menschenkind zu schildern, das ein Held ist durch sein Sein, einfach durch sein Dasein. Die *Momo* tut nichts, sie macht einmal eine Tür auf, macht einmal eine Tür zu. Das ist alles, was sie tut.

Eppler: Einmal erzählt sie was. Es wird aber dann nicht geschildert, was sie erzählt, es wird nur darauf verwiesen. Normalerweise hält sie aber den Mund.

Ende: Normalerweise hört sie zu. Sie gibt dem anderen diesen Freiraum, und dadurch entsteht bei ihren Gesprächspartnern etwas. Bei meiner Arbeit, auch bei der Auseinandersetzung mit älterer Literatur, ergab sich mir immer wieder die Frage, was bedeutet für uns Heutige eigentlich der Begriff des Heroischen? Gilt er gar nicht mehr? Oder wenn doch, wie sieht er aus? Ich meine, ohne irgendeine Art von Idealbild, von Heldenbild gibt es keinen Mythos und ohne Mythos keine Kultur. Gerade wir brauchen irgendwelche Idealbilder, die unserem Bewußtsein, unserer Welt entsprechen. Aber die alten funktionieren alle nicht mehr. Wie verhängnisvoll es ist, solche Atavismen in unser Jahrhundert zu zerren, hat ja der Nationalsozialismus gezeigt. Ich denke da vor allem an die Ordensburgen, wo die jungen Leute zum »töten und sterben können« erzogen wurden. Das ist altes Ritterpathos ins 20. Jahrhundert verpflanzt. Ich glaube, daß sogar der Gangster von heute ein verkommener fahrender Ritter ist. Er ist der einsame Wolf, der sich nur noch gegen die Gesellschaft äußern kann und nicht mehr mit ihr, wie es vor tausend Jahren möglich war. In einer Welt, die nur funktioniert, wenn alle ganz brav mitspielen, kann es den Einzelgänger, den pathetischen Einzelgänger nur noch geben, wenn er sich gegen diese Gesellschaft richtet. Das hat übrigens der Revolutionär mit dem Gangster gemein. Es ist das gleiche Pathos. Ich glaube, daß viel Revolutionsbegeisterung ganz einfach ein Pathosbedürfnis ist. Das geht hin bis zu den Rockerbanden, wo man schon am Kostüm sehen kann, daß es sich um ein Pathosbedürfnis handelt. Die Kostüme, die sie sich anziehen, signalisieren ja deutlich »wilde Männlichkeit« und so weiter. In einer volldomestizierten Gesellschaft können sie ihr Pathosbedürfnis nirgendwo unterbringen, sie können es nur in einer Antihaltung ausdrücken. Sie wollen nicht brav sein, sie wollen keine kastrierten Haustiere werden, aber das gerade verlangt unsere Gesellschaft, also finden sie ihr Pathos nur im Dagegensein. Ich bin übrigens durchaus auch der Ansicht, daß es kein verlockendes Ziel sein kann, ein verkümmertes Wesen zu werden, in dem keine Risikolust mehr existiert. Gerade *die Lust zum Risiko* ist etwas, das zum Lebenspathos des Menschen gehört und was der Mensch auch will und braucht. Und diese Risikolust gibt es eben in einer total vom Versicherungsdenken verstopften Welt nicht.

Tächl: Die Tatsache übrigens, daß man in der *Momo* neue, ungewohnte Eigenschaften in den Mittelpunkt stellt – ich meine hier vor allem die Fähigkeit zum Zuhören –, das hat sehr viele Leute tief beeindruckt, nicht zuletzt mich. Auch das spricht für das Interesse der Menschen, ihre Formen des Handelns zu erweitern.

Endler: Wobei die *Momo* auch ein Gegenbild zu unserem Sicherheitsdenken ist. Die *Momo* ist ganz ungesichert immer allen und allem ausgesetzt, sie ist verwundbar, trotzdem ohne Lebensangst, und gerade hierin liegt ja ihre Stärke. Schon aus diesem Grunde ist sie das Gegenbild zu einer verkümmerten Existenz. Nur, und das wäre meine Frage, was bedeutet das für den Leser? Sie bleibt ja übrig. Und dann?

Ende: Du meinst, was nachher aus ihr wird? Das weiß ich selbst nicht. Es geht einfach über die Möglichkeiten einer solchen Geschichte hinaus. Sie bringt ja etwas Neues in die Welt, sie singt den Menschen die Stimmen der Sterne vor. Vielleicht verändert das die Welt. Selbst, wenn ich eine Geschichte schreibe, wie Tausendundeine Nacht so lang, wäre es nicht möglich...

Eppler: Nein, das ist keine Kritik am Buch. Es wäre schrecklich, wenn das Buch dies versucht hätte.

Tächl: Ich habe meine Kinder gefragt, was sie an der *Momo* besonders beeindruckt hat. Da hat die ältere, die Elisabeth, gesagt: Die Sache mit dem Friseur, diese Rechnung, die da aufgestellt wird. Das ist tatsächlich beeindruckend, wie diese Zahlenreihe zustande kommt. Ein wirklich abstruses Zahlengebilde! Es waren die Zweifel, die den Friseur dazu gebracht haben, auf die Rechenart der *Grauen Herren* einzugehen. Gerade die Zweifel, die das Instrument zu unserer Freiheit darstellen, die uns die Möglichkeit zum Wählen geben, haben ihn, den Friseur, ins Negative verführt. Plötzlich fragt sich dieser Mann, was die Zeit, die er bei seiner Mutter oder bei dem Besuch des Mädchens verbracht hat, eigentlich wert ist. Und plötzlich bekommen die Zahlen Macht über ihn. Sich über die Rentabilität der verbrachten Zeit Gedanken zu machen, das steckt durchaus in jedem von uns. Denn wir tun nicht alles gerne. An dieser Stelle sind wir leicht verführbar... Und im übrigen kommt es darauf an, was man berechnen will...

Ende: Vor allem wird hier etwas quantifiziert, was an sich nicht quantifizierbar ist, und wird dadurch seines gesamten Wertes beraubt. Für mich sind die *Grauen Herren* nichts anderes als die Repräsentanten des nur und ausschließlich quantifizierenden Denkens. Wenn ich alles wägbar, zählbar und meßbar mache, hebe ich damit den Wert auf und dann steht nur noch eine Null unter dem Strich. Es gilt nichts mehr, oder es gilt alles gleich, alles wird gleichgültig. Wenn ich das berühmte »wertfreie Denken« auf die Tatsachen des menschlichen Lebens übertrage, mache ich aus dem Individuum eine Sache. Daraus entsteht dann diese »tödliche Langeweile«. Kein Augenblick kann mehr erfahren oder erlebt werden – und das »richtige« Leben wird dann meistens in eine unbestimmte Zukunft verschoben, in ein Zerrbild von Utopie. Es handelt sich um die totale Entfremdung des Menschen von seiner Lebenswirklichkeit. Das Leben wird abstrakt.

Tächl: Und dann ist in *Momo* noch dieses schöne Bild mit der Blume. Der Schmerz, den *Momo* empfindet, als eine Stundenblume verwelkt, hat mich tief beeindruckt. Das ist nämlich ein Schmerz, den jeder in sich ahnt...

...In unserer Gesellschaft gibt es aber jetzt dieses Phänomen, das Leiden aus dem Leben auszuschließen. *Momo* macht die schmerzvolle Erfahrung mehrmals, wie vergänglich Zeit eigentlich ist. In unserer Gesellschaft ist es aber nicht so selbstverständlich, daß man eine Erfahrung mehrmals machen darf. *Momo* sieht über den Schmerz ein, daß die Blume verwelken muß. Sie erlebt auch, daß immer wieder eine neue Blume nachwächst, die ihr noch schöner erscheint als die vorige. Wenn es mir aber nicht zugestanden wird, eine auch schmerzliche Erfahrung mehrmals zu machen, dann kann ich unmöglich zu einer solchen Einsicht kommen. Leider verfährt unser Ausbildungssystem auf eine ebensolche Weise, denn man darf ja keine Fehler machen, beziehungsweise zu wenige Fehler sind erlaubt. Wie soll man denn da eine Einstellung zur Niederlage haben, wie soll man da lernen, schmerzliche Erfahrungen zu überwinden?

Ende: Das ist eine der wichtigsten Fragen überhaupt, die Notwendigkeit der Umwege, das Mysterium der Fehler. In meiner anderen Geschichte ist dies ja eines der Hauptthemen. Bastian macht ja reichlich Fehler, eigentlich macht er fast nur Fehler, aber gerade deshalb hat er dann am Schluß alles richtig gemacht. Das Motiv ist nicht neu und auch nicht von mir, sondern das gibt es schon unter anderem im *Goldenen Topf* von E.T.A. Hoffmann. Auch hier macht der Student Anselmus immer alles falsch, und zum Schluß erweist sich, daß eben deshalb alles richtig war. Was heißt überhaupt richtig oder falsch? Das Schicksal des Menschen ist doch keine Schularbeit und keine Testaufgabe mit Antworten zum Ankreuzen... Aber ich glaube, wir sollten nicht fortwährend über meine Bücher sprechen. Wir werden in den nächsten Tagen noch genügend Zeit haben, auf die eine oder andere Frage näher einzugehen.

Hanne und Erhard, ich würde jetzt einmal ganz gerne von meiner politischen Utopie erzählen. Ich kann das selbstverständlich nur in Umrissen tun, im einzelnen würde es wahrscheinlich zu weit führen... Also, wenn es euch interessiert, will ich versuchen, euch davon zu erzählen. Ich meine, wenn wir schon vom Fehlen positiver Utopien sprechen, dann liegt das jetzt nahe, oder?

Eppler: Ich höre zu wie *Momo*.

Ende: Mir scheint, daß in jedem von uns, vielleicht kann man sagen, in jedem modernen Menschen die drei Ideale der Französischen Revolution lebendig sind und realisiert werden wollen, nämlich Freiheit, Gleichheit und Brüderlichkeit. Es handelt sich ja in Wirklichkeit um eine alte

Freimaurerdevise, aber seit der Französischen Revolution sind diese drei Begriffe im Bewußtsein aller. Das sind Ideale, bei denen jeder Mensch, der im 20. Jahrhundert lebt, und der sich bemüht hinüberzuschauen ins 21. Jahrhundert, das Gefühl hat: »Ja, das wollen wir eigentlich«. Darin sind sich eigentlich alle einig. Die Uneinigkeit ergibt sich erst daraus, daß man bisher nie bemerkt hat, daß diese drei Ideale ganz verschiedene Lebensbereiche betreffen. Man hat bisher ständig versucht, sie alle drei in einen Topf zu schmeißen. Man hat versucht, einen Einheitsstaat zu schaffen, der möglichst alle drei Ideale verwirklichen soll. Dabei hat man gar nicht bemerkt oder nicht bemerken wollen, daß es nicht Aufgabe des Staates sein kann, alle drei Ideale zu verwirklichen, sondern nur eines davon. Der Staat ist ja seiner Aufgabe nach ein Gebilde, das Gesetze schaffen und anwenden, also generalisieren muß, weil er es ja mit einer Menge von Staatsbürgern zu tun hat. Er kann daher nur das mittlere der drei Ideale verwirklichen, nämlich die Gleichheit. Ich verstehe hier Gleichheit im ursprünglichsten Sinne, einfach als Gleichheit vor dem Gesetz. Oder auch das Schaffen von Gesetzen, denn da kann jeder mitreden, und jeder ist gleichermaßen davon betroffen. Da gibt es keinen Unterschied, oder es sollte jedenfalls keinen geben. Gesetze regeln ja die Rechte und Pflichten der Menschen untereinander, die zwischenmenschlichen Angelegenheiten.
Man kann dieses Prinzip der Gleichheit auch Demokratie nennen. Hier, in diesem Bereich, ist meiner Ansicht nach Demokratie richtig am Platz. Denn über das, wovon jeder gleichermaßen betroffen ist, kann auch jeder gleichermaßen mitentscheiden.
Anders liegen die Dinge im Geistesleben.
Im Geistesleben zählt eigentlich einzig und allein die individuelle Begabung. Hier ist alles Generalisierende falsch. Wenn ich nämlich anfange, die Einzelbegabung zu generalisieren, wie das weitgehend in unserem Geistesleben gemacht wird, zum Beispiel durch ein Abitur, das überall gleich sein soll, oder ein Schulsystem, das überall gleich ist, dann gehe ich damit an dem vorbei, was die eigentliche Aufgabe des Geisteslebens ist, nämlich die individuelle Begabung auch individuell zu fördern. Im Geistesleben gilt uneingeschränkt das Ideal der Freiheit. Das Geistesleben muß so frei sein von Bindungen wir nur irgend möglich und muß sich aus den jeweiligen individuellen Gegebenheiten seine eigenen Organisationsformen schaffen. Das dritte Ideal wäre die Brüderlichkeit. Ich weiß, daß es unter den gegenwärtigen Verhältnissen geradezu naiv, vielleicht sogar komisch klingt, und doch wage ich zu behaupten: Die Brüderlichkeit ist das immanente Gesetz eines modernen Wirtschaftslebens. Man kann im Wirtschaftsleben einfach nicht das berühmte »freie Spiel von Angebot und Nachfrage« gelten lassen; dieser »Krieg aller gegen alle« wird immer auf Kosten der wirtschaftlich Schwächsten

geführt. Aus dem Wirtschaftsliberalismus kann nur immer ein Wirtschaftsdarwinismus entstehen, der uns ja in die Bredouille gebracht hat oder noch bringen wird. Diese Form der Ökonomie funktionierte nur solange, wie die Ressourcen unerschöpflich schienen und wie es Kolonien, Arbeitermassen und Erde gab, die man ausbeuten konnte. Wenn es das alles nicht mehr gibt, wird man zwangsläufig einsehen müssen, daß man die Wirtschaft auf andere Grundlagen stellen muß. Allerdings kann es auch hier wiederum nicht Aufgabe des Staates sein, das Wirtschaftsleben zu regeln. Was aus einem staatlich gelenkten Wirtschaftsleben wird, das sehen wir ja deutlich in den Ländern des »realen Sozialismus«. Es welkt einfach ab. Das Wirtschaftsleben muß sich seine eigenen Organe schaffen – unabhängig vom Staat, etwa im Sinne selbständiger Konsumenten- und Produktionsgemeinschaften. Ihr merkt und ihr werdet das auch wissen, diese Überlegungen basieren zunächst auf dem Humboldtschen Essay »Über die Grenzen der Wirksamkeit des Staates«[1] und sind dann in der von Rudolf Steiner gegründeten Bewegung für die Dreigliederung des sozialen Organismus weiter ausgeführt und genauer erarbeitet worden[2]. Der soziale Organismus ist dabei als ein integrales Kulturgebilde zu verstehen, von dem der Staat nur ein Teil-Bereich ist. Natürlich darf man das Ganze nicht als eine statische Dreiteilung verstehen, sondern als einen immerwährenden dynamischen Prozeß zwischen drei sozialen Ebenen. Kultur wird hierbei nicht als eine Unterabteilung des Staates oder der Politik verstanden, sondern umgekehrt, Politik als ein Teil der Gesamtkultur. Zu dieser Gesamtkultur gehört das Wirtschaftsleben, das Geistesleben und das Staatsleben, eben das eigentliche politische Leben.

Du wirst dich vielleicht wundern, Erhard, wenn ich sage, ein Kultusminister ist eigentlich ein Widerspruch in sich selbst, weil eine solche Institution nur möglich sein kann, wenn die Kultur als eine Unterabteilung der Politik verstanden wird. Nur aus dieser Perspektive kann es einen Kultusminister geben. Eine solche Institution kann es aber nicht mehr geben, wenn die Kultur das Ganze ist und die Politik ein Teil des Ganzen. Ich weiß nicht, ob es mir in diesem äußerst skizzenhaften Aufriß gelungen ist, deutlich zu machen, daß die drei sozialen Ebenen wesentlich intensiver aufeinander wirken können, wenn jede von ihnen selbständig ist. Ich glaube, daß die Verhältnisse so lange nicht richtig gesehen werden, wie die, ich möchte sagen, Trialektik die-

---

1 Wilhelm von Humboldt, »Über die Grenzen der Wirksamkeit des Staates«, in: *Ideen zu einem Versuch, die Grenzen der Wirksamkeit des Staates zu bestimmen*, Staatsphilosophischer Essay, 1792
2 Rudolf Steiner, *Neugestaltung des sozialen Organismus*, 1919, Rudolf Steiner-Gesamtausgabe Nr. 330/331; cf auch Rudolf Steiner, *Kernpunkte der sozialen Frage*, Rudolf Steiner-Gesamtausgabe Nr. 23, 1919

ser drei Lebensgebiete verkannt wird, in denen im übrigen jeder einzelne Mensch lebt. In jedem von uns treffen sich die drei Ebenen wieder.

Es gibt schließlich nicht Menschen, die nur im Geistes- oder nur im Wirtschaftsleben existieren. Jeder von uns nimmt ständig an allen drei Bereichen teil. Er ist Staatsbürger, ist auf eine Schule gegangen oder will seine Kinder auf eine Schule schicken, und produziert oder konsumiert in irgendeiner Form. Im einzelnen Menschen vereinen sich diese drei Lebensbereiche. Die Frage ist, wie die äußeren Kompetenzbereiche verstanden werden. Ich finde es verhängnisvoll, daß der Ruf nach dem Staat immer dann laut wird, wenn irgendwo etwas nicht funktioniert. Der Staat soll schlechthin alles in Ordnung bringen, ganz wurscht, auf welchem Gebiet, also, ob jetzt die Theater subventioniert werden müssen, weil sie sich allein nicht halten können, oder ob das Problem der Arbeitslosen gelöst werden soll. Immer verlangt man, daß der Staat einspringt. Das ist dieses alte paternalistische Denken. Hier in Italien ist es ja fast noch schlimmer als in Deutschland. Hier soll der Staat alles machen, und er kommt hinten und vorne nicht zurecht. Der Staat wird ganz einfach überfordert, wenn er Probleme lösen soll, die gar nicht in seine Kompetenz gehören. Es ist einfach paradox, wenn der Staat selbst der größte von allen Unternehmern ist, aber gleichzeitig gerechte Arbeitsgesetze schaffen soll. Das kommt mir vor wie ein Schiedsrichter, der bei einer Mannschaft mitspielt und trotzdem dabei gerecht sein soll. Das kann doch wohl nicht gut gehen.

Eppler: Als einer, der seit vielen Jahren der Grundwertekommission der SPD vorsitzt, hätte ich da vieles einzuwenden, vor allem dagegen, daß Politik nur für ein Prinzip, das der Gleichheit und da nur die Gleichheit vor dem Gesetz, zuständig sei. Aber ich will beim praktischen Beispiel ansetzen. Wenn man hier Staat gleich Nationalstaat setzt, gemeint ist ja der italienische Gesamtstaat oder die Bundesrepublik Deutschland als Staat, dann bin ich gern bereit zu akzeptieren, daß heute dieser Staat weit überfordert ist. Daß übrigens auch Kompetenzen aus ihm auswandern, teilweise etwa auf europäische Ebene nach Brüssel, teilweise aber auch wieder zu den Ländern und Gemeinden, halte ich für notwendig und richtig. Nur, wenn es Aufgabe des Staates sein soll, für Gleichheit zu sorgen, dann ergibt sich daraus für mich die Frage, ob er nicht auch für eine Gleichheit der Bildungschancen sorgen muß. Damit sind wir dann bereits im kulturellen Bereich.

Ende: Ja, ich weiß schon. Man nimmt heute komischerweise allgemein an, daß diese Gleichheit der Bildungschancen sich nicht ergeben wird, wenn der Staat sie nicht herstellt. Das nenne ich eben paternalistisches Denken. Und ich glaube das nicht! Das würde sehr wohl durch die Bürger selbst geschehen können. Das ist eben eine Frage des sozialen Bewußtseins, und das kann nur durch ein freies, nicht vom Staat abhängiges Geistesleben entstehen.

Eppler: Wie würde sich denn das von selbst ergeben? Hat es sich je von selbst ergeben? Wie würde dafür gesorgt, daß das Kind des Hilfsarbeiters ähnliche Chancen wie das Kind des Managers bekommt?
In dem Augenblick, in dem sich der Staat aus all diesen Bereichen zurückziehen würde, gäbe es eben billige und teure, ganz billige und ganz teure Schulen – das müßte doch eigentlich dem Gleichheitspostulat widersprechen.

Ende: In einem sozialen Wirtschaftsleben – also einem, das nicht auf Konkurrenz und Ausbeutung, sondern auf Zusammenarbeit aufgebaut ist – wären die Chancen für alle sowieso ziemlich gleich. Außerdem könnte der Staat durch demokratisch zu wählende Gesetze die Chancen-Ungleichheit verhindern, falls sie überhaupt noch entstehen sollte. Eine solche staatliche Maßnahme ist durchaus zu rechtfertigen, wenn man von dem Humboldtschen Gedanken ausgeht: »Die eigentliche Kompetenz des Staates ist es, den Bürger nach außen und nach innen zu schützen.« Im übrigen aber würden sich meiner Ansicht nach in einem dreigliedrigen sozialen Organismus die Institutionen, die das Geistesleben aus seiner eigenen Notwendigkeit heraus braucht, aus der Initiative der Menschen selbst bilden. Davon bin ich fest überzeugt.

Eppler: Wer würde die Schulen denn finanzieren?

Ende: Wer finanziert sie denn heute? Die Staatsbürger doch! Der Staat finanziert gar nichts. Er verteilt nur die Steuergelder, die die Staatsbürger bezahlen. Dieser Umweg über die staatliche Verwaltung ist von zweifelhaftem Wert, kostet viel Geld – und ist unnötig.

Eppler: Die Schulen würden durch die Spenden der Wirtschaft finanziert, die man von der Steuer absetzen kann. Würde das nicht dazu führen, daß der Einfluß der Wirtschaft auf die Kultur viel stärker und viel lähmender würde, als er heute schon ist?

Ende: Wenn man dabei von einem kapitalistischen Wirtschaftsleben ausgeht, dann muß das natürlich so sein. Man kann das Geistesleben nicht wirklich befreien, ohne zugleich das Wirtschaftsleben auf andere Grundlagen zu stellen. Aber wenn du, Erhard, schon den Einfluß der Wirtschaft erwähnst, dann möchte ich doch feststellen, daß wir den gerade im bestehenden System sehr stark haben. Ich kenne jedenfalls mehr als einen Studenten, der sein Studium von ganz bestimmten Wirtschaftsunternehmen vorfinanziert bekommt. Natürlich unter der Voraussetzung, daß er sich verpflichtet, nachher in den Konzern einzutreten. Freilich geht das nicht offiziell vor sich, sondern alles irgendwie hintenrum.

Eppler: Man kann aber auch *BAFöG* bekommen. Und damit ist keine derartige Verpflichtung verbunden.

Ende: Natürlich, kann man auch. Es geht aber im Grund um etwas anderes, nämlich darum, daß unser staatliches Schul- und Hochschulsystem selbst schon stark genug von der Wirtschaft dirigiert wird, die über die Lobby durch die Hintertür hereinkommt. Oder glaubst du, daß zum Beispiel ein Forschungsinstitut, das sich ernstlich mit den durch chemische Düngung angerichteten Schäden befassen würde – ich meine so, daß es für die chemische Industrie auch nur ein wenig gefährlich würde – glaubst du, daß ein solches Forschungsinstitut sich sehr lange einer staatlichen Unterstützung erfreuen könnte? Was auf diesem Gebiet an wirklicher Aufklärung und Forschung geschieht, kommt im wesentlichen aus privater Initiative zustande. Wenn du die heutige Universitätsausbildung eines Wissenschaftlers anschaust, dann wirst du feststellen, daß man hier von Anfang an auf ein bestimmtes Ziel hin gedrillt wird. Eine »Universitas«, eine Bildungsstätte im alten Sinne gibt es längst nicht mehr. Die heutigen Universitäten sind zu reinen fachlichen Ausbildungsstätten geworden. Kein Student der Chemie oder Physik lernt zunächst einmal *über* Chemie und *über* Physik nachzudenken und sich zu fragen, was das eigentlich ist, womit er sich da beschäftigt, sondern er wird von vornherein in ein ganz einseitiges Spezialistendenken hineingetrieben. Möglichst schon in der Schule. Das ist begreiflich, denn unsere heutige Wirtschaft braucht Leute, die innerhalb des Systems funktionieren. Einer, der über das nachdenkt, was er da tut, könnte nur stören.

Eppler: Ich akzeptiere das alles. Ich bin auch gerne bereit, über unser staatliches Schulsystem eine ganze Menge Kritisches anzuführen und auch darüber nachzudenken, wie man das ändert. Doch wie immer man den Einfluß der Wirtschaft auf unser jetziges Bildungssystem ansieht, der Staat, genauer gesagt, die Landtage, die Kultusbehörden, sind dazwischen eher noch ein Puffer. Und wenn man diesen Puffer wegnimmt, wird die Sache natürlich nicht besser, sondern schlimmer.

Tächl: Wie würde es aussehen, wenn es die herkömmliche Art staatlicher Förderung nicht mehr gäbe. Was für Quellen gäbe es, um ein solches neues Bildungssystem zu finanzieren? Es gäbe die betroffenen Eltern, die den festen Willen haben, aus einer Notwendigkeit heraus etwas zu finanzieren und auf die Beine zu stellen. Ich meine, wir müßten dann auch von der Utopie ausgehen, daß auch in der Wirtschaft uneigennütziges Denken vorherrschen kann, das aber nicht unwirtschaftlich sein muß. Bei uns wird Uneigennützigkeit immer mit Unwirtschaftlichkeit gleichgesetzt, was meiner Ansicht nach gar nicht der Fall zu sein braucht. Welche Bedingungen müssen nun erfüllt sein, um unter dem Vorzeichen der Uneigennützigkeit eine Möglichkeit zu finden, daß die Wirtschaft auch für das Geistesleben fruchtbar wird, ohne sie zu beeinflussen.

Ende: Die Bedingung ist, daß man den Kapitalismus mit all seinen Krebsgeschwüren aus dem Wirtschaftsleben herausbringt – den Staatskapitalismus ebenso wie den Privatkapitalismus. Uneigennützigkeit wäre dann durchaus keine Frage besonderer Opferbereitschaft mehr, sondern ein selbstverständliches Ergebnis. Damit würde man sich dem dritten Ideal, der Brüderlichkeit im Wirtschaftsleben, ein großes Stück nähern. Denn schließlich ist die Wirtschaft doch einzig und allein dazu da, die Bedürfnisse der Menschen zu befriedigen – und nicht die Menschen, um den Bedürfnissen der Wirtschaft zu dienen.

Eppler: Wenn die Geschichte, die du, Michael, am Anfang unseres Gesprächs erzählt hast, richtig ist, dann kann doch der Einfluß der Wirtschaft auf das kulturelle Leben wirklich nur schlimm sein. Er ist schon heute schlimm genug.

Ende: Natürlich, da wir ein Wirtschaftsleben haben, das an einem inneren Widerspruch krankt, nämlich zwischen den modernen industriellen Produktionsmethoden, die Zusammenarbeit aller mit allen erfordern, um segenbringend zu wirken, und einer kapitalistischen Geldwirtschaft, die den egoistischen Kampf aller gegen alle bewirkt

Eppler: Es gibt unter den Gesetzen der Kapitalverwertung keine Spenden in größerem Umfang, die ohne Absicht gegeben werden, und zwar ohne eigennützige Absicht. Wer zahlt, schafft an. So ist das nun einmal. Ein Kulturleben, das abhängig wäre von unseren großen Konzernen – und die haben ja das Geld –, wäre für mich ein Alptraum.

Ende: Allerdings.

Eppler: Ein Kulturleben, das weder durch die Großkonzerne noch durch den Staat finanziert werden soll, kann ich mir nicht vorstellen. Es sei denn, man kürzt die Lehrergehälter auf ein Drittel. Und eine solche Maßnahme wird das Kulturleben auch nicht gerade beflügeln.

Ende: Nein, selbstverständlich nicht. Bei unseren Überlegungen sind wir aber immer von einem kapitalistischen Wirtschaftsleben ausgegangen, nicht von einer Wirtschaftsform, die auf Brüderlichkeit beruht.

Tächl: Wir dürfen uns solche Überlegungen nicht nur deshalb aus dem Kopf schlagen, weil es die Verhältnisse, unter denen neue Formen des Zusammenspiels möglich wären, noch nicht gibt. Ein Beispiel: In der Waldorfschule, die meine Kinder besuchten, war angebaut worden, und man brauchte Geld. Da nun die Schule auf Vereinsbasis beruht, wurde das Problem mit den betroffenen Eltern besprochen. Man sprach alle Möglichkeiten durch, unter anderem auch die Kürzung der Lehrergehälter. Die Eltern reagierten einstimmig auf diesen Vorschlag und wiesen ihn zurück. Man war allgemein der Meinung, daß der festgesetzte Lohn den Bedürfnissen entsprach und darüber hinaus eine angemessene Honorierung für die an den Kindern geleistete Arbeit darstellte. Das ist für mich ein Beispiel für gutes Zusammenwirken. Ich glaube, daß sich solche Impulse vermitteln lassen, die Initiative zu ergreifen... ohne erst von Gesetzen dazu gebracht zu werden. Das Vertrauen nämlich, das sich aus einer solchen Dynamik und Eigeninitiative entwickelt, ist wichtig und stärkend. Das sollte der Staat auch dem Bürger nicht nehmen, und der Bürger sich nicht nehmen lassen.

Eppler: Das Ganze funktioniert doch nur, weil es ein Privatschulgesetz gibt, wonach die Lehrergehälter überwiegend vom Staat bezahlt werden. Und wenn es dieses Gesetz nicht gäbe, dann gäbe es diese Schulen nicht, und dann gäbe es auch dieses Problem mit einer Restfinanzierung für einen Bau nicht. Ich glaube, daß das eine – darf ich's mal sagen – reaktionäre Utopie ist, über die wir im Augenblick reden. Das gibt es nämlich auch. Die Vorstellung, man könnte den Staat wieder völlig aus dem Kulturleben hinauswerfen, ist für mich eine reaktionäre Utopie.

Ende: Das hab' ich auch nicht gesagt! Ich habe von einer intensiven Wechselbeziehung zwischen drei selbständigen sozialen Ebenen gesprochen.

Eppler: Die andere Frage ist, wie man im Kulturleben wesentlich mehr Freiheit schaffen kann, etwa gegenüber staatlicher Bürokratie. Ich halte es für eine schlimme Sache, daß ein Kultusminister oder von mir aus auch ein Landtag oder irgendeine Behörde Bildungsziele, Lehrpläne und ähnliche Dinge formuliert. Aber ich halte es für unerläßlich, daß das Bildungswesen über öffentliche Steuern finanziert wird, jedenfalls in seiner Hauptsache. Ich könnte mir vorstellen, daß man ein Gesetz schafft – und da kommen wir uns schon näher –, daß ein großer Teil der Entscheidung über die Schule bis in den Lehrplan und die Schulorganisation hinein, an den Ort der Schule delegiert wird. Die Eltern, die Lehrer, die Schüler, möglicherweise auch Kommunalvertreter würden dann ein Diskussionsforum bilden, das nun nicht nur die Entscheidung der staatlichen Behörde mehr oder minder freudig zu verwirklichen versucht, sondern tatsächlich die Schule zu einem eigenen Kraftfeld der Gemeinde macht. Hier würde dann entschieden werden, welche Ziele, welche Schwerpunkte die Schule haben soll, welche Methoden versucht werden sollen, wie das Leben der Gemeinde in die Schule eingebaut werden kann, wie die Schule sich der Gemeinde gegenüber, den Eltern gegenüber öffnet und selbstverständlich auch umgekehrt. Ich halte aber eine staatliche Grundfinanzierung sogar für die Voraussetzung dafür, daß wir etwas mehr Freiheit in die Schulen bekommen. Der Staat, den das Grundgesetz meint, soll ja eine Organisationsform der Gesellschaft sein, die Freiheit schafft. Also kann dieser Staat durch seine eigenen Gesetze seinen Einfluß und seine Aktivität begrenzen und damit Freiheitsräume öffnen, gerade auch im Kulturellen.

Tächl: Ich würde schon noch gerne ein ausführlicheres Wort darüber hören, wie es zu mehr Freiheit in Schulen kommen kann. Ich kann mir den Staat einfach nicht so unpersönlich vorstellen, daß er Inhalte und Geld nicht miteinander verknüpft. Ich finde, es wäre natürlicher, wenn die betroffenen Eltern über die Finanzierung entscheiden könnten.

Eppler: Die Kultusbehörden unterstehen Gesetzen, während der private Spender keinem Gesetz unterliegt. Vor allem aber möchte auf dieser Welt derjenige, der Geld gibt, auch wissen, was damit getan wird. Dies ist nicht nur unvermeidlich, sondern auch verständlich. Die Frage ist nur, wie man zwischen dem Geldgeber und der kulturellen Willensbildung Puffer einschaltet, die eine Gängelung verhindern. Ich halte eine solche Kontrolle innerhalb des staatlichen Bereichs für leichter als im privaten Bereich. Eine Privatschule, die ausschließlich von privaten Geldgebern abhängig wäre, wäre wohl weniger frei als eine, die überwiegend vom Staat finanziert wird.

Ende: Sicher, wir gehen jetzt bei dieser Unterhaltung ständig davon aus, daß unter gleichbleibenden Verhältnissen, also unter rein kapitalistischen Verhältnissen, wie wir sie heute haben, Privatschulen gegründet werden und damit natürlich auch reine Privilegien ins Spiel kommen. Es wird nicht von einer sozial orientierten Wirtschaft, sondern von einer kapitalistischen Wirtschaft gesprochen. Und da geb' ich dir völlig recht, Erhard. Wenn man unter diesen Voraussetzungen eine Privatschule sieht, dann wird die Sache zumindest problematisch. Man muß übrigens noch eines hervorheben: Die Eltern, die heute ihre Kinder auf eine Waldorfschule oder auf eine Privatschule schicken, zahlen erstens die Steuer mit, und obendrein müssen sie das Schulgeld für die Privatschule zahlen. Diese Doppelbelastung fiele schon mal weg. Das Geld, das jetzt per Steuer und mit Hilfe eines gewaltigen Verwaltungsapparates wieder in die Schulen zurückfließt, würde direkt und ohne Umwege fließen. Welche Organisationsformen zu schaffen sind, um das Geld gerecht zu verteilen, das ist ein komplexes Thema. Das kann man überhaupt nicht abstrakt, sozusagen am grünen Tisch entscheiden. Das muß sich aus den jeweiligen Gegebenheiten, aus der konkreten Situation ergeben. Und die ist in jedem einzelnen Fall verschieden. Aber ich bin überzeugt, wenn man das den Staatsbürgern selber überläßt, wenn sie konkret vor dieses Problem gestellt werden, dann entwickelt sich die entsprechende Aktivität: Es entstehen die Impulse, die Ideen, die Initiativen von den Bürgern überhaupt erst dann, wenn sie ihnen eben nicht ständig von einem für alles sorgenden Staat abgenommen werden.

Eppler: Ja, wir müssen die Bürger mehr fordern. Unsere Elternvertretungen funktionieren deshalb nicht, weil sie keine ausreichende Kompetenzen haben und weil es den Eltern zu dumm ist, ihre Zeit zu vergeuden, wo sie im Grunde nichts zu sagen haben. Aber ich möchte noch ein Wort zum Thema Staat sagen. Wer ist das eigentlich, der Staat? Der Staat ist für mich die Organisationsform, die sich die Bürger für ihre Gesellschaft geben. In der Verfassung legen wir fest – und das ist bei uns gar nicht so übel gelungen –, wie wir miteinander umgehen wollen, wie wir für Freiheit oder Gleichheit sorgen wollen, wie wir Macht, politische Macht verteilen und kontrollieren wollen. Deshalb hat der Staat nicht nur die Möglichkeit, sondern nach der Verfassung sogar die Pflicht, seine eigenen Aktivitäten selbst zu begrenzen. Das Parlament und der Gesetzgeber können durch Gesetz nicht nur deutlich machen, was der Staat tun soll, sondern auch, was er nicht tun darf. Insofern könnte ich mir sehr wohl eine staatliche Gesetzgebung, in diesem Fall eine Ländergesetzgebung vorstellen, die die Kompetenzen der Kultusminister und der Kultusbürokratie wesentlich einschränkt. Ich sage das deshalb, weil wir sonst den Staat nur noch als Apparat und als Gegner sehen. Der Staat kann Freiheit unterdrücken aber auch ermöglichen.

Ende: Selbstverständlich. Ich hab' auch mit all dem, was ich sagte, nicht den Staat als Gegner schildern wollen, sondern mir ging es einfach um die am

Anfang des Gesprächs angesprochene Kulturfrage. Das, was dem Menschen das Gefühl gibt, sein Leben auf dieser Welt habe einen Sinn und das Ganze stünde in einem großen Sinnzusammenhang, das hängt doch wohl von der Kultur ab, in der er lebt. Das hängt von den religiösen Fragen ab, von den Fragen des Wissens, von den Fragen der Kunst, von den Lebensformen und so weiter. Unser gegenwärtiges Kulturleben ist wie gelähmt von dem, was du eben ansprachst, nämlich diesem eigentümlichen Gefühl der Machtlosigkeit. Man hört oft unter Schriftstellern, Malern oder Musikern den Satz: Wir sind ja eigentlich nur Hofnarren oder Gesellschaftsclowns. Wir können machen, was wir wollen. Wir haben Narrenfreiheit, weil wir sowieso unschädlich sind. Die gesellschaftlichen Realitäten sind von uns gar nicht zu beeinflussen. Wir können schreien, weinen, lachen oder uns auf den Kopf stellen, das ist eigentlich ganz wurscht. Die Tatsache, daß dieses Gefühl so stark bei vielen Künstlern und Intellektuellen vorhanden ist, bedeutet, daß das, wovon das Geistesleben einer Nation oder einer Gemeinschaft von Menschen, also eine Kultur sich ernährt, auf eine eigentümliche Weise lahmgelegt ist, gerade indem man ihm die wirkungslose Freiheit des Narren einräumt. Das Bewußtsein wäre aber ein anderes, meine ich, wenn diese drei sozialen Ebenen selbständig nebeneinander existieren könnten. Sie wirken dann viel stärker aufeinander, weil sie aufeinander angewiesen sind. Entscheidungen, die im Geistesleben fallen, würden dann möglicherweise neue Industrieformen zur Folge haben. Es wird unter Umständen von einer Theateraufführung abhängen, ob ein neues Gesetz geschaffen wird oder nicht. Wenn das Theater aber vom Staat subventioniert wird, dann geht das nicht. Ich weiß, daß ich mit diesem Satz sämtliche Theaterleute auf den Hals kriege. Das ist mir klar. Nur weißt du, ich bin Schriftsteller, und ich habe einen Verleger. Niemand subventioniert uns. Wir sind eine Institution des freien Geisteslebens, die sich selbst erhält und die nicht vom Staat subventioniert wird. Und ich fände es das letzte, was zu wünschen wäre, wenn alle Schriftsteller und Verlage auch noch staatlich subventioniert würden. Das wäre das Ende. Dann gäbe es überhaupt kein freies Geistesleben mehr.

Oppler: Zuerst und nur in Klammern: Du wirst kaum glauben, wie oft heute auch dem Politiker das Gefühl der Machtlosigkeit beschleicht. Aber darf ich fragen, warum sich unser Schulwesen im Lauf der letzten – sagen wir mal fünfzig Jahre – immer mehr bürokratisiert hat? Wenn man die Lehrer fragt, dann sagen sie, daran sind die Juristen schuld. Die Juristen sagen, solange unser Schulwesen durch das Berechtigungswesen unmittelbar mit Wirtschaft und Gesellschaft verkoppelt ist, solange also von einer Note in der Schule das Fortkommen eines Kindes abhängt, zum Beispiel ob es Medizin studieren darf oder nicht, solange wird es Verwaltungsgerichtsprozesse geben. Der jeweilige Lehrer wird sich schon bei der Notenvergabe überlegen, ob die Note einem Verwaltungsgerichtsprozeß standhalten kann. Um sicherzugehen, wird er sogar seinen Unterricht bürokratisieren. Er wird sämtliche mündlichen Noten notieren, damit er sie später, wenn nötig, vorweisen kann. Dahinter steckt nicht die Bosheit des Staates, der dadurch nur zusätzlich belastet ist, sondern dahinter steckt die unmittelbare Beziehung des Bildungswesens zu einer Konkurrenz-, Erfolgs- und Leistungsgesellschaft. Das eigentliche Problem ist für mich nicht »Staat oder nicht Staat«, sondern wie kann man einen kulturellen oder auch pädagogischen Freiraum in einer Gesellschaft schaffen, die natürlich wie jede andere dazu neigt, ihr Bildungswesen nach ihrem Ebenbild zu schaffen? Wie kann man einer Gesellschaft wie der unseren eine Schule schaffen, die nicht das Abbild einer Leistungs-, Konkurrenz- und Erfolgsgesellschaft ist? Jede Entstaatlichung würde für mich die Gefahr noch größer machen, als sie schon ist. Sie würde den Puffer Staat zwischen der Gesellschaft und der Schule auch noch wegnehmen und damit jede Pädagogik und jede Kultur ersticken. Es sei denn, wir verändern die Gesellschaft...

Ende: Ja, aber davon reden wir doch! Wir reden doch von einer Zukunftsgesellschaft. Der Kapitalismus ist doch der eigentliche Krankheitsherd – und zwar der Staatskapitalismus kommunistischer Prägung ebenso wie unser Privatkapitalismus. In Zukunft kann es nur eine nicht-kapitalistische Gesellschaft geben – oder gar keine mehr!

Eppler: Dann wäre es auch einfach, eine freiere Kultur zu schaffen.

Ende: Na ja – gewußt wie! Aber wir hatten uns ja vorgenommen, eine positive Utopie zu entwickeln, nicht immerfort von den Sachzwängen auszugehen, sondern uns einmal zu überlegen, was wir eigentlich für wünschenswert halten. Ich möchte noch einmal betonen, daß das wirklich freie Geistesleben nur dann existieren kann, wenn es auf der anderen Seite ein auf Brüderlichkeit beruhendes Wirtschaftsleben gibt, und ein Rechtsleben, was tatsächlich die Gleichheit verwirklicht... In einem Einheitsstaat, der alle drei Gebiete unter seinen Hut bringen will, wird jedes der drei Ideale zum Zerrbild. Unter diesen Verhältnissen wird das freie Geistesleben eine Karikatur dessen, was ich meine.

Eppler: Dann lassen sich also Geistesleben und Wirtschaft nicht voneinander trennen.

Ende: Das ist das entscheidende Problem. Bei dieser Utopie ist natürlich die wichtigste Frage, wo man anfangen kann, etwas konkret zu unternehmen. Sonst dreht man sich argumentierend immer wieder im Kreise herum: Das eine setzt das andere voraus, und dieses setzt wieder ein Drittes voraus. Und so bleibt alles beim »wäre«, »würde« und »könnte«. Das tatsächliche Problem ist also, wo der Nagel einzuschlagen ist.

Tächl: Doch wohl am ehesten in den Schulen! Daß Kultur und Wirtschaft nicht voneinander zu trennen sind, könnte dort am ehesten sichtbar werden. Leider ist das nicht so. Das wurde ja schon gesagt. Eben weil die intellektuelle Leistung alles gilt. Wer da in Umfang und Tempo nicht mithalten kann, wird ausgesondert.
Sozialverhalten – Rücksicht, Toleranz, Gemeinschaftssinn, Hilfsbereitschaft etc. – gilt nicht als Leistung und fließt auch nicht in die Notenbewertung ein, es ist als Lerninhalt gar nicht vorgesehen.
Insofern findet eine Unkultur in vielen – den meisten – staatlichen Schulen statt, den Bemühungen vieler guter Lehrer zum Trotz.
Erhard, du hast einmal gesagt, Kultur sei der »pflegliche Umgang mit Menschen, Sachen und Ideen«. Für mich ist es der Lernprozeß, der sich im Umgang zum Beispiel mit einem behinderten Mitschüler in der Klasse vollzieht, mindestens so wichtig wie das Kapitel Mathematik, das gerade dran ist. Aber »Bildung« und »Leben« sind da plötzlich zweierlei – und mit der Chance der Schule, vorzubereiten für ein auf Brüderlichkeit und Zusammenarbeit beruhendes Wirtschaftsleben, ist's natürlich nichts mehr.
Sozial gesehen ist das Klassensystem der staatlichen Schulen das denkbar Schlechteste: Wer die intellektuelle Leistung nicht schafft, dem Konkurrenzdruck nicht standhalten kann, der wird als »Sitzengebliebener« einfach aus der Gemeinschaft seiner Mitschüler gerissen.

Eppler: Das müßte aber nicht einmal innerhalb der staatlichen Schulen so sein... Aber ich glaube, entweder wir nehmen einen Kulturbegriff, der alle menschlichen Lebensäußerungen von der Agrikultur bis zur Produktion, jede Form des Zusammenlebens einschließlich der politischen Kultur umfaßt...

Ende: Genauso meine ich es ja!

Eppler: Dann weiß ich aber nicht, wie wir das Geistesleben separieren und anderen Gesetzen unterstellen können.

Ende: Ich will es nicht separieren, ich will es selbständig machen! Wir haben bis jetzt nur vom Bildungswesen, von Schule und Universität gesprochen. Aber das Geistesleben geht ja viel weiter, zum Beispiel gehören auch alle religiösen Institutionen zum Geistesleben. Religionsfreiheit ist für uns alle eine selbstverständliche Sache. Aber Freiheit bedeutet auch immer Bereitschaft zum Risiko. Ich meine, die Kirchensteuer zum Beispiel sollte im Grunde weder von dem Staat noch von der Kirche eingezogen werden, es sollte überhaupt keine Kirchensteuer geben. Die Gläubigen sollten ihre Institutionen, ihre Priester selbst unterhalten. Das wäre für den Pfarrer selbstverständlich ein Risiko, denn wenn er sich nicht als notwendig erweist, wenn er nicht Glaubwürdiges und Überzeugendes zu sagen hat, dann muß er eben gehen. Das wäre aber auch richtig so. Die angehenden Pfarrer und Priester müßten sich dann wirklich ernsthaft überlegen, wie sie es anstellen wollen, ihre Existenz zu rechtfertigen. Die Existenz eines Priesters würde dann davon abhängen, ob die Menschen ihn wirklich brauchen oder nicht. Er würde nicht ein festes Salär wie ein Beamter erhalten, sondern er würde von den Gläubigen, denen er etwas gibt, was sie brauchen, einen entsprechenden Gegenwert erhalten, der ihm seinen Lebensunterhalt gewährleistet. Die Kirchen sollten allerdings auch nicht über eine eigene steuereintreibende Instanz ihre Gelder eintreiben. Da hätten wir doch nur wieder eine Form von parastaatlicher Organisation. Nein, der Gläubige müßte seinen Priester ganz direkt bezahlen. Ganz unmittelbar! So wie ich meinen Zahnarzt dafür bezahle, daß er mir einen Zahn zieht. Verzeihung! Der Vergleich ist vielleicht nicht sehr respektvoll. Aber schließlich gibt es ja auch keine Zahnarztsteuer, die der Staat einzieht und an alle Zahnärzte verteilt. Zahnärzte müssen sich als tüchtig erweisen, damit Patienten zu ihnen kommen.

Eppler: Es geht dir also nicht darum, ob die Kirchensteuer über das Finanzamt eingezogen wird, sondern um die Kirchensteuer selbst. Aber ob die Kirchen freier, unabhängiger würden, wenn der Pfarrer bei jeder Predigt auf die großen Spender Rücksicht nehmen müßte, weiß ich nicht.

Ende: Das hört sich vielleicht alles etwas feindselig an, so ist es aber gar nicht gemeint. Ich denke, wenn solche Institutionen ihre Notwendigkeit an einer unmittelbaren Lebensrealität beweisen müssen, erhalten wir sofort ein viel effektiveres Geistesleben, eines das tatsächlich sozial wirksam sein muß. Dann werden andere Leute plötzlich wichtig werden. Nur diejenigen Pfarrer werden sich halten können, die so zu reden und zu handeln verstehen, daß sie gebraucht werden, die nicht zum Fenster hinaus predigen, sondern die mit ihrer eigenen Existenz für das, was sie sagen, einstehen. Dasselbe würde in den Universitäten geschehen. Es wäre eben nicht mehr so, daß ein Universitätsprofessor oder ein Dekan von irgendeinem Kultusminister eingesetzt wird, sondern die Universitäten müßten sich darum bemühen, diejenigen Professoren zu bekommen, die die Studenten anziehen, weil sie etwas zu sagen haben, was die Studenten interessiert. Es würde sich ununterbrochen das Geistesleben an der Lebensrealität beweisen müssen. Ähnlich wäre es auch mit den Theatern. Ich weiß, wenn ich sage, man solle den Theatern ihre Zuschüsse streichen, dann heißt es, daß fünfhundert Theater dann eingehen. Laßt sie doch eingehen! Man sagt mir auch, daß dann alle Theater nur noch Boulevard-Theater machen. Ich meine dagegen, wenn das wahr ist, daß unsere Theater sich nur mit Boulevard-Theater am Leben halten können, weil nur dafür die Leute Geld zahlen, dann ist es eh eine Lüge, wenn wir mit Steuergeldern anderes Theater unterhalten. Ich glaube aber nicht, daß das Publikum nur Boulevard-Theater sehen will. Jeder Verlag muß sich selbst mit den Büchern erhalten, die er macht. Werden denn nur Krimis gedruckt und verkauft? Nein! Genauso sollen die Theater dazu veranlaßt sein, ihren Betrieb so zu gestalten, daß die Leute reinkommen, sich das anschauen wollen und dafür bereit sind, ihr Geld hinzulegen. Das soll aber nicht über den Umweg eines Staates geschehen, der Geld »gerecht« unter den Theatern verteilt. Da kommt nämlich nichts dabei heraus als ein pures Kritikertheater.

Ich glaube, ich muß hier mal etwas ganz Grundsätzliches sagen: Wir haben nämlich nicht nur ein asoziales Wirtschaftsleben, wir haben ebenso ein weitgehend asoziales Geistesleben. Laßt mich das bitte erklären! Unsere ganze gegenwärtige Kulturvorstellung ist noch immer feudalistisch, das heißt sie ist für eine Elite bestimmt. Sie ist gar nicht für alle Menschen da. Ein solches Geistes- und Kulturleben braucht immer einen Mäzen, der ihm sein Dasein ermöglicht. Früher waren das die Fürsten. Sie haben die Elite um sich versammelt, das Volk zählte nicht. Es gab ja auch eine tatsächliche kulturelle Elite. Heute will man nun demokratisch vorgehen, indem man alle an dieser elitären Kultur teilnehmen lassen möchte. Darum übernimmt der Staat die ehemals fürstliche Funktion des Mäzens. Und zwar ohne kulturelle Elite. Das Ganze ergibt natürlich einen Widerspruch: Ein elitäres Geistesleben läßt sich nun mal nicht sozialisieren. Schon gar nicht durch Subventionen aus Steuergeldern. Dagegen: Ein Geistesleben, das aus einem sozialen Bewußtsein heraus entsteht und soziale Impulse vermitteln kann, braucht überhaupt keinen Mäzen. Es wird von den Menschen selbst erhalten, weil das, was dort geschieht, für sie kein Luxus sein wird, sondern so lebensnotwendig wie Essen und Trinken.

Äußere Formen dafür sind ja in Ansätzen schon vorhanden: Öffentlich-rechtliche Rundfunkanstalten, die nicht dem Staat unterstellt sind, wären ein Beispiel für meine Behauptung, daß sich die Organisationsformen von selbst aus den Notwendigkeiten heraus bilden. Diese Anstalten müssen sich auch selbst erhalten – wenn sie frei sein sollen. Jeder staatliche Eingriff kann nur verhängnisvoll wirken.

Eppler: Ich bin gegen jedes Staatsfernsehen. Ich bin für ein Fernsehen, daß aufgrund eines Gesetzes sich gesellschaftlich organisiert.

Ende: Da hätten wir ein Musterbeispiel, wie man lediglich durch eine Gesetzgebung ohne Einmischung des Staates solchen Institutionen ermöglicht, sich zu bilden.

Eppler: Gesetzgebung ist ja auch ein staatlicher Akt. In der Sache stimmen wir überein. Das gleiche meinte ich übrigens auch in Bezug auf das Schulwesen. Wir könnten ein Schulgesetz haben, das die wichtigen Entscheidungen über die jeweilige Schule an den Ort der Schule selbst verlagert.

Ende: ... Und zwar ausschließlich durch eine entsprechende Gesetzgebung, in deren Rahmen die Initiative denen überlassen wird, die unmittelbar betroffen sind. Alles andere geht den Staat nichts an.

Eppler: Ein solches Gesetz könnte ein Stück Staatsbürokratie unnötig machen.

Ende: Das zweifellos auch. Aber durch freie und selbständige Schulen und Universitäten würden noch ganz andere Auswüchse der gegenwärtigen Kulturpolitik abgeschafft. Ich meine, man nimmt es einfach nicht genügend ernst, daß ein Mann wie Einstein – wenn er heute Student wäre – gar nicht Physik studieren dürfte, weil er eine Vier in Physik im Abiturzeugnis hatte. Außerdem hat er zunächst drei Jahre lang ein anderes Fach studiert, bevor ihm die Idee kam, Physik zu studieren. Er fing noch einmal von vorne an. Diese Freiheiten werden den heutigen Studenten gar nicht mehr gewährt – vor allem im geisteswissenschaftlichen Bereich wird vom Kultusministerium sogar die Fächerkombination vorgeschrieben... Unser heutiges Schul- und Universitätssystem ist so beschaffen, daß ein Einstein dabei unter Garantie nicht entstehen kann. Ein Goethe übrigens auch nicht. Dafür wird aber ein Heer von Landsknechten der Wissenschaft ausgebildet, das ohne Zweifel für unsere Konsumwirtschaft und für die heutige Industrieform brauchbarer und notwendiger ist als schöpferische Köpfe.

Eppler: Ich bin auch nach meinen Berliner Erfahrungen der Meinung, daß unsere Universität in ihrer jetzigen Form nahezu am Ende ist. Man muß da wirklich neue Formen finden. Nur glaube ich eben, daß das alte Humboldtsche Gegensatzpaar von Staatseinfluß oder Freiheit nicht mehr paßt, weil nämlich inzwischen der Staat auch Garant von Freiheit gegenüber anderen Kräften geworden ist, die es zu Humboldtschen Zeiten so nicht gegeben hat.

Ende: Richtig. Es ist noch ein Drittes dazugekommen, mit dem wir es heute zu tun haben und womit wir nicht fertig werden. Die alte Dialektik Staat und Kirche, Kaiser und Papst, Politik und Geistesleben ist um eine dritte Dimension erweitert worden, nämlich um das industrielle Wirtschaftsleben. Damit verschieben sich alle Gewichte, auch alle Kulturbegriffe. Ganz klar.
Solange man die Frage der modernen Wirtschaft nicht gelöst haben wird und tatsächlich soziale Grundlagen für sie schafft, solange wir eine auf Konkurrenz statt eine auf Zusammenarbeit beruhende Ökonomie haben, solange kann ganz gewiß nichts Heilvolles herauskommen. Aber dann kann sich auch nichts Sinnvolles ergeben, wenn der Staat überall eingreift, weil wir dann in letzter Konsequenz eine staatlich gelenkte Wirtschaft und ein staatlich dirigiertes Geistesleben kriegen, und man weiß ja, wohin das führt. Dann welkt beides total ab.

So, ich glaube, das Gespräch hat zu einer ersten Klärung unserer Positionen geführt. Wir sollten an dieser Stelle aufhören. Ich schlage vor, daß wir jetzt zum Mittagessen gehen und uns heute Nachmittag in alter oder vielmehr neuer Frische wieder hier zusammensetzen. Einverstanden?

Tächl: Gut. Außerdem habe ich jetzt auch großen Hunger.

Mit diesen Worten endet am ersten Morgen das Gespräch. Das Tonbandgerät wird abgeschaltet. Man bleibt zwar noch ein wenig im Zimmer und bespricht das eine und das andere, stellt diese und jene Frage. Dann geht man in den Garten hinaus.
Ingeborg Hoffmann führt ihre Besucher durch den Garten, den sie und ihr Mann angelegt haben. Palmen, Kakteen, Olivenbäume wachsen darin, und das viele Grün erinnert eher an den Spätherbst als an den Winter. Man kann sich kaum vorstellen, daß man gestern noch im kalten Deutschland war. Michael Endes Rundweg führt auch an dem Olivenbaum vor seinem Arbeitszimmer vorbei. Er erklärt, daß hier eine *Dryade*, ein Baumgeist wohne. Immer wenn er bei seiner Arbeit nicht mehr weiter wisse, schaue er aus dem Fenster hinaus und sehe auf den Baum. Da brauche er dann auch nicht lange auf neue Ideen zu warten... Die Nymphe hätte ihm bisher immer weiter geholfen. Deswegen müsse er auch bei jedem Rundgang im Garten hier vorbei, als Dank sozusagen. Hanne Tächl bittet um einen Olivenkern dieses Baumes – sie will ihn dann bei sich zu Hause einpflanzen, in der Hoffnung, daß er im nördlichen Klima gedeihe. Aber eine *Dryade* könne sie auch gut gebrauchen. Darauf äußern mehrere Personen den Wunsch nach einem solchen Olivenkern...
Schließlich erreicht man das Auto und fährt nach Genzano zum Essen.

Freitag Nachmittag

an dem Hanne Tächl, Erhard Eppler und Michael Ende zum ersten Mal von dem Erkennen der Grenzen sprechen, wie auch über unseren armseligen Begriff von Wirklichkeit.

Ende: Erhard Eppler, du hast in deinem Buch das Begriffspaar *wertkonservativ* und *strukturkonservativ*[1] geprägt. Ich finde, diese beiden Begriffe sehr anwendbar und nützlich. Man kann sie ja nicht als Gegensatzpaar bezeichnen. Sie haben auch sehr gut gezeigt, wie gerade der Wertkonservative darauf aus ist, die Struktur zu verändern, um den Wert zu erhalten, und umgekehrt der Strukturkonservatismus gerade den Wert zerstört, den er zu erhalten vorgibt. Was mich interessieren würde, wäre die Frage, läßt sich ein ähnliches Begriffspaar auch für den Begriff des Progressiven aufstellen? Wie wollen wir den Begriff des Progressiven heute überhaupt sehen und verstehen? Gibt es da nicht auch so etwas wie einen rein formalen Progressivismus – eine Art schlechte Gewohnheit –, die jeder echten Progressivität enorm hinderlich ist?

Ich will mit der Frage auf etwas Bestimmtes hinaus. Es gibt von dem großen Aphoristiker Lichtenberg einen sehr schönen Satz, den ich oft und gern zitiere, der lautet wie folgt: »Es ist ein großer Unterschied, ob man *noch* glaubt, daß der Mond auf das Wachstum der Pflanzen einen Einfluß hat oder ob man es *wieder* glaubt«. Ich bringe dieses Beispiel jetzt auch pro domo an, aus künstlerischen Gründen. Es galt die ganzen letzten Jahrzehnte hindurch in der bildenden Kunst als progressiv, abstrakt oder monochrom zu malen. Es galt als progressiv, Pop-art und Op-art zu malen und Objekte herzustellen, Aschenbecher mit Fixativ zu kleben und an die Wand zu hängen und so fort. Figürliche Darstellung galt als konservativ, wenn nicht sogar als reaktionär. Inzwischen hat sich das aber umgekehrt. Die jungen Maler und Bildhauer heute verlassen eigentlich alle diese Kunstarten, – sie betrachten das alles als eine notwendige, aber inzwischen überholte Revolution –, und es ist nur die Frage, ob sie *zurückkehren* zur gegenständlichen Malerei oder ob sie bei einer neuen Form der figürlichen Darstellung *ankommen*. Ich glaube, daß das nicht eine philologische Haarspalterei ist, sondern diese Frage könnte sogar das herkömmliche Verständnis von »konservativ« und

---

1 Die beiden Begriffe stammen aus Erhard Epplers *Ende oder Wende,* Stuttgart 1975, und *Wege aus der Gefahr,* Reinbek 1981

»progressiv« eventuell auf den Kopf stellen. Ich bin der Meinung, wenn Werte neu gefunden werden, dann sind es neue Werte, auch wenn sie dann in gewissem Sinne den uralten Werten wieder entsprechen. Denn es handelt sich nicht um ein Zurückkehren zu den alten Werten, sondern es ist ein »Nachvorne-Durchstoßen« zu diesen Werten. Ich glaube, man kann diese Gedanken auch auf den politischen Bereich übertragen, oder meint ihr nicht?

Eppler: Aber das war doch immer so. Die Renaissance kam mit dem Stichwort »zurück zur Antike«, die Reformation kam mit dem Stichwort »zurück zur Bibel« und der Prager Frühling kam mit dem Stichwort »zurück zu Marx«. Und alles waren revolutionäre Bewegungen. In einer reifen Kultur wird es wahrscheinlich immer so sein, daß das Neue zusammenhängt mit einer Wiedererweckung von Altem, und wir sollten uns gar nicht scheuen, dieses so zu sagen.

Ende: Aber damit ist es doch etwas Neues, oder?

Eppler: Sicher ist es etwas Neues.

Ende: Es galt in der Literatur jahrzehntelang als ungeheuer kühn und progressiv, Tabus zu zerstören und Werte zu zerschlagen. Vor achtzig Jahren waren diese Dissakrationen dieses Wertezertrümmern ja auch tatsächlich modern. Dann sprach es sich langsam in der bürgerlichen Gesellschaft herum, daß das modern sei. Deshalb fuhr man fort, mit der großen Gebärde des Revolutionärs immer weiter und weiter Werte zu zerschlagen, obwohl schon fast keine mehr vorhanden waren. Der Bürger erwartete es geradezu, denn er wollte ja modern sein. Nun sind überhaupt keine Werte mehr da, sie sind alle längst zerstört, aber es gibt immer noch Leute, die weiterhin mit der großen Gebärde des Revolutionärs und des wilden Mannes Werte zertrümmern. Sie gelten noch immer als progressiv und modern. Das ist die neue Spießbürgerei. Ich finde, es ist heute viel progressiver und es gehört auch viel mehr Mut dazu, Werte vorzuschlagen. Nicht in einem musealen Sinn, nicht im Sinne eines Zurückblickens auf eine vergangene Kultur, die wir nicht wieder herstellen können, das ist ganz klar, sondern im Sinne einer Notwendigkeit, neue Gemeinsamkeiten zu finden.

Tächl: Vielleicht ist die Phase, in der man Negatives anprangert, zu allgemeinen Wertvorstellungen Abstand gewinnt und vorhandene Ideale zertrümmert, jetzt tatsächlich abgeschlossen...

Ende: Ich meine, ja.

Tächl: Die Menschen sind vielleicht jetzt so weit, daß sie sich von keinem Zertrümmerer mehr Werte zerschlagen, von keiner Instanz mehr Werte vorgeben lassen. Sie entdecken selber, was für sie wertvoll ist, Wert hat, und das versuchen sie zu verwirklichen.
Die Erfahrungen, die sie dabei machen, die ergeben ein verbindliches Verhältnis zur Wirklichkeit, da entsteht etwas Neues, etwas Unmittelbares, eine lebendigere Wirklichkeit.

Eppler: Ja, da kann ich wieder an Michaels Bücher anknüpfen. Es galt ja wohl zurecht als progressiv, Wirklichkeit zu analysieren, aber zunehmend ist uns bei der Analyse die Wirklichkeit unter den Fingern zerronnen, und jetzt leiden wir überall unter einem Realitätsverlust bis in die Politik hinein, wo er vielleicht schon am weitesten gediehen ist. Jetzt fragen wir wieder danach, was Wirklichkeit ist, was eine tragende Wirklichkeit sein könnte.
Vielleicht war die abstrakte Malerei auch ein Stück Analyse der Wirklichkeit, oder?

Ende: Aber ganz gewiß! Der Durchgang durch diese Phasen war geistesgeschichtlich unbedingt notwendig. Die Frage ist nur, an welcher Stelle wir heute stehen. Was vor achtzig Jahren progressiv war, ist heute nicht mehr progressiv. Ich will mich gerne von euch belehren lassen, wenn ich irre, aber mir scheint, daß es im politischen Bereich ähnlich ist. Es war doch so, um es auf einen einfachen Nenner zu bringen, daß alles, was sich mehr oder weniger auf den Marxismus berief, als progressiv galt, beziehungsweise es verstand sich selbst als progressiv. Alles, was dem nicht entsprach, galt als konservativ oder gar als reaktionär. Jetzt ist die große Krise eingetreten, und man weiß überhaupt nicht mehr recht, wie und ob der Marxismus noch anwendbar ist. Wir haben das drastische Beispiel in der kommunistischen Partei Italiens, die in ein arges Dilemma geraten ist, ihr eigenes Programm zu definieren. Selbstverständlich meine ich nicht, daß auf das, was der Marxismus zum Beispiel an Bewußtseinsschärfung für ganz bestimmte gesellschaftliche Problematiken hervorgebracht hat, zu verzichten sei. Nur hat er durch falsche Begriffsbildung den Blick auf andere Probleme gleichzeitig verstellt. Die Frage ist für mich die: Ist es auch weiterhin so, daß das, was vom Marxismus her kommt, progressiv ist und alles, was einen anderen Weg sucht, der nicht auf Marx basiert, schon eo ipso antiprogressiv, konservativ oder gar reaktionär ist?

Tächl: Bei den ganz jungen Leuten ist es eigentlich nicht mehr gefragt, sich auf eine Ideologie oder auf irgendein geschlossenes System, ja sogar noch nicht einmal auf einen bestimmten Namen zu berufen. Auch bei mir kann ich feststellen, daß ich Teile aus verschiedenen Gedankengebäuden entnehme und sie für das verwende, auf das es mir ankommt. Wenn ich nach dem Ursprung mancher meiner Überlegungen forsche, dann sind da manche vielleicht von der Anthroposophie, manche vom Marxismus, manche vom Evangelium inspiriert – ich finde es besser, auf die Benennung zu verzichten zugunsten eines neuen gedanklichen Zusammenhangs. Wenn Menschen sich einer Ideologie verschreiben, sperren sie ihr Denken in ein Gehäuse ein, und sie blockieren das Gespräch, weil jeder schon zu wissen glaubt, was so ein Ideologievertreter sagen wird.

Eppler: Das hängt natürlich damit zusammen, daß der Marxismus auch in eine Sackgasse geraten ist. Die Systeme des sogenannten real existierenden Sozialismus sind im Kern konservative Systeme. Jeder, der in Rußland war, hat den Eindruck eines geradezu bedrückend konservativen Landes. Marxismus-Leninismus ist nicht mehr bewegende, anfeuernde verändernde Kraft, sondern nur noch Mittel zur Rechtfertigung der Macht, zur Stützung des Apparates, der längst Selbstzweck geworden ist. Die östlichen Funktionäre sind genauso strukturkonservativ wie die westlichen. Werte benützt man zur Rechtfertigung von Macht. Im Grunde sind alle klassischen Ideologien veraltet. Deshalb verhält es sich so, wie Hanne Tächl gesagt hat, daß sich – im Gegensatz zu den späten 60er Jahren – immer weniger junge Leute auf ein in sich geschlossenes System berufen wollen.

Tächl: Das hat aber zur Folge, daß wir auch bestimmte Begriffe mit neuem Inhalt füllen können. Vorhin fiel der Ausdruck »Produktivkräfte«. Der ist bei Marx klar definiert und festgelegt. Wenn ich ihn aber unabhängig von diesem Zusammenhang nehme, dann kann ich ihm eine ganz andere Bedeutung und Funktion geben. Für mich sind zum Beispiel seelische, geistige, künstlerische Kräfte *die* Produktivkräfte, *die* tragenden Pfeiler unserer Kultur, aus denen neue Lebensgebärden entstehen – ein Ausdruck übrigens, der mir sehr gefällt!
Ja, und was sich als Lebensgebärde manifestiert, das ist doch eine wichtige Produktion!

Ende: Aber wenn wir schon beim Marxismus sind, dann kommen wir nicht um die Frage nach seiner Voraussetzung, dem Materialismus, herum. Ich glaube nämlich nicht, daß der Materialismus, der ja im vorigen Jahrhundert in gewissem Sinn progressiv und wohl auch als Bewußtseinsstation notwendig war, für uns Heutige auch nur den geringsten Ansatz bietet, um die Fragen zu lösen, vor denen wir stehen. Der Materialismus, konsequent zu Ende gedacht, ergibt ein so wesenloses Menschenbild, daß es nicht der Mühe wert ist, sich Gedanken darüber zu machen, wie eine bessere Gesellschaft, ein menschenwürdigeres Leben aussehen soll. Aus dem reinen Materialismus ist kein Begriff wie Menschenwürde, Freiheit, Kreativität und so weiter zu rechtfertigen. Solche Wertvorstellungen stammen aus ganz anderen Weltbildern, aus dem Humanismus, dem Christentum, der Antike. Sie sind einfach übernommen worden, wie eine möblierte Wohnung, ohne daß man sich fragte, worauf solche Werte sich gründen. Der Marxismus übernimmt die Werte und leugnet deren Grundlagen. Aus dem Materialismus kann er sie nämlich nicht erklären.

Eppler: Das wäre schwer zu widerlegen.
Aber ich muß doch ein bißchen davor warnen, zuviel mit dem Begriff des Materialismus zu operieren. Wenn wir den philosophischen oder dann bei Marx den dialektischen Materialismus nehmen, so ist er sicherlich auch durch die moderne Naturwissenschaft ein Stück weit überholt. Denn das, was, soweit ich das begreife, die moderne Naturwissenschaft unter Materie versteht, ist ja nicht dasselbe, was im 19. Jahrhundert unter Materie verstanden wurde. Was allerdings Marx mit dem historischen Materialismus gemeint hat, halte ich heute noch für aktuell. Der historische Materialismus versuchte deutlich zu machen, daß das Denken der Menschen eng zusammenhängt mit ihrem Leben, mit ihrem Sein, mit ihrer Arbeit, mit ihren Lebensbedingungen, und das ist ja eigentlich nichts anderes als Realismus. Das könnte man im Alten Testament schon nachlesen, wie das Denken und das Fühlen des Menschen mit der Art zusammenhängt, wie er lebt, arbeitet und...

Ende: Daß ein Zusammenhang besteht, wird niemand je leugnen können. Aber ob sein Bewußtsein ganz und gar durch diese Faktoren *bestimmt* wird, das ist doch die Frage! »Das Sein bestimmt das Bewußtsein«, das ist für mich ein unakzeptabler Satz. Marx meint damit doch, daß die äußeren Umstände, die Gesellschaftsordnung, die Machtverhältnisse und die ökonomischen Bedingungen das Bewußtsein des Menschen total konditionieren.

Eppler: Gehen wir aus von der Gegenwart. Wie kommt der Bewußtseinswandel zustande, von dem wir schon mehrfach geredet haben? Meine These wäre, er kommt nicht durch irgendeine Lehre, durch irgendeine Ideologie, durch irgendeine Theorie zustande, sondern durch eine unendliche Summe von Alltagserfahrungen. Die Erfahrung, daß mehr industrielles Wachstum nicht unbedingt das Leben besser machen muß, ist eine Alltagserfahrung geworden. Das merken Leute, die nicht mehr schlafen können, weil inzwischen eine Autostraße am Haus vorbeiführt, oder Frauen, die feststellen, daß ihr Salat nach Chemikalien riecht und so fort.

Natürlich wird auch die Erfahrung wirksam, daß diese Konkurrenz-Gesellschaft menschliche Beziehungen zunehmend verdorren läßt. Wenn man also die These, daß das Sein unser Bewußtsein bestimmt, so versteht, daß die Art, wie wir leben, die Erfahrungen, die wir machen, unser Denken und Fühlen bestimmen, dann finde ich sie weder sensationell noch neu und sicher nicht falsch.

Ende: Ich gebe dir recht, Erhard, sofern wir die Sache als Einfluß, nicht aber als zwingende Kausalität verstehen. Aber Marx sagt ja nicht »Das Sein beeinflußt das Bewußtsein«, was eine Binsenweisheit wäre, sondern er sagt »Das Sein *bestimmt* das Bewußtsein«. Damit gerät er aber in einen Widerspruch mit sich selbst, denn wenn sein Satz richtig wäre, hätte er seine eigene Weltanschauung gar nicht schaffen können. Das Bewußtsein von Marx war eben *nicht* ausschließlich von seinem Sein bestimmt. Es ging darüber hinaus. Ich will euch sagen, warum ich da etwas hartnäckig erscheine. Für mich besteht nämlich gerade die Würde des Menschen in erster Linie darin, daß der Mensch als einziges Wesen auf dieser Welt die Kausalitätskette durchbrechen und aus sich heraus schöpferisch werden kann. Damit kämen wir wieder auf das Problem der Phantasie. Der Mensch kann nämlich ursachlos, das heißt nicht grundlos, aber ohne *zwingende Ursache* – also nicht einfach in der Verkettung von Ursache und Wirkung – aus sich heraus Neues erschaffen. Der Mensch kann schöpferisch sein, er kann neue Anfänge in die Welt bringen, er kann etwas hineinbringen, was aus der bisherigen Kausalkette gar nicht zwingend hervorgeht. Es ließe sich sicher auch historisch beweisen, daß es solche plötzlichen Einschläge gab, die natürlich ihre Vorgeschichte und Vorentwicklung hatten. Alles, was sich auf dem materiellen Plan abspielt, hat eine Vorgeschichte. Aber das ist nicht dasselbe wie Kausalität. Für mich ist gerade das, was den Menschen so ungeheuer kostbar macht, seine schöpferische Fähigkeit, das heißt, daß aus jedem Menschen eine ganze neue Welt hervorgehen kann. Das unterscheidet ihn vom Tier. Das Tier steht in einer gewissen Kausalität, bleibt darin verhaftet und kann aus dem Kausalkreis seiner Instinkte nicht ausbrechen. Keine Biene kann sich plötzlich entschließen, fünfeckige statt sechseckige Waben zu bauen. Kein Tiger kann beschließen, Vegetarier zu werden. Das Tier *ist* entschieden, der Mensch muß sich entscheiden. Der Mensch kann sich selbst bestimmen, und dort, wo man ihm das Menschsein nicht gewaltsam verweigert, tut er es auch. Dort ist er kreativ und schöpferisch, schafft neue Welten, neue Kulturen, neue Begriffe und neue Werte. Das ist für mich das Entscheidende. Deswegen stehe ich allen diesen Neigungen, den Menschen nur als ein Produkt seiner Umwelt oder auch seiner Erbmasse zu sehen, ganz und gar ablehnend gegenüber. Es gibt im Materialismus nur diese zwei Arten, die menschliche Persönlichkeit zu erklären: Durch die Erbmasse einerseits und die Umwelteinflüsse andererseits. Aber ich behaupte, die menschliche Persönlichkeit geht über diese beiden Faktoren hinaus. Ich leugne nicht, daß beide Einflüsse vorhanden sind. Selbstverständlich. Das ist ja mit Händen zu greifen. Aber das erklärt den Menschen noch nicht. Es kommt noch etwas hinzu, was man Geist nennt oder, wenn ihr so wolltet, die Individualität. In diesem Fall geht es nicht um das Wort. Ich rede vom schöpferischen Kern jedes einzelnen Menschen, der nicht allein aus den Genen und den Umweltbedingungen erklärt werden kann. Natürlich kann man das Menschliche im Menschen durch brutale und unmenschliche Verhältnisse ersticken, aber man kann nicht umgekehrt seinen Wesenskern nur aus den Verhältnissen heraus erklären. Es gibt eben etwas im Menschen, das über das Physische hinausgeht und den Menschen zu einem der Anlage nach freien Wesen werden läßt. Es hat nämlich keinen Sinn, von menschlicher Freiheit zu reden, solange man den Menschen als ein Wesen versteht, das allein aus materiellen Voraussetzungen heraus existiert. Und wenn es keine Freiheit gibt, dann gibt es auch keine Verantwortung, und wir brauchen uns nicht weiter den Kopf über all die Fragen zu zerbrechen, die uns hier beschäftigen.

Eppler: Was die menschliche Freiheit betrifft, in der Weise wie du sie beschrieben hast, unterscheiden wir uns keinen Deut. Natürlich ist die Tatsache, daß aus dem Saulus ein Paulus geworden ist, nicht anhand eines historischen Materialismus erklärbar – die Wirkung dieses Paulus auf die europäische Geschichte auch nicht.

Aber ich würde gerne unterscheiden zwischen dem, was für den einzelnen Menschen gilt und dem, was für eine ganze Gesellschaft gilt. Wenn ich mir überlege, wie ein Mann wie Thoreau[1] im letzten Jahrhundert in Amerika gedacht und empfunden hat, so widersprach dies in jedem Punkt seiner Umwelt. Seine Mitmenschen haben seine Gedanken damals auch nicht verstanden. Er hatte durchaus die Fähigkeit, durch seine Kreativität über all das hinauszukommen, was von seiner Umwelt oder seiner materiellen Basis nur zu erwarten gewesen wäre.

Aber daß Thoreaus Verhältnis zur Natur, zum Staat, seine Unterscheidung vom Wichtigen und Unwichtigen ausgerechnet im letzten Viertel des 20. Jahrhunderts auch in Europa interessant wird, das hängt wohl mit Veränderungen zusammen, die in einer ganzen Gesellschaft vor sich gegangen sind und die offenkundig mit Alltagserfahrungen zu tun haben. So wie jeder Einzelne selbstverständlich jederzeit aus all diesen Kausali-

---

1 Thoreau, Henry David, *Herbst, Aus dem Tagebuch von D. H. Thoreau,* Zürich, o. J.; *Leben ohne Grundsätze,* Stuttgart 1979; *Über die Pflicht zum Ungehorsam gegen den Staat und andere Essays,* Zürich 1973

täten ausbrechen kann, so finde ich, daß zum Beispiel die Grunderfahrungen eines Proletariers vor hundert Jahren eben ein bestimmtes Bewußtsein hervorgebracht haben, so wie die Grunderfahrungen einer Verkäuferin in einem modernen Supermarkt wieder ein anderes Bewußtsein hervorbringen. Dies ändert nichts an der Tatsache, daß da nichts determiniert ist und jeder auch die Fähigkeit hat, dies zu transzendieren.

Ende: Völlig richtig. Das kann man überhaupt nicht in Zweifel ziehen. Das wäre töricht.

Eppler: Ja, aber dann sind hier die Differenzen doch offenkundig gering...

Ende: O nein! Solche scheinbar unwichtigen Unterschiede in der Formulierung haben weitreichende Folgen.
Ich will mal mit einem etwas grotesken, vielleicht aber doch charakteristischen Beispiel erklären, was mir dabei so wichtig ist. Es gibt Professoren für Gehirnphysiologie, die die ganze Woche vom Katheder herunter ihren Studenten erklären, alle menschlichen Bewußtseinsprozesse seien im Prinzip nichts anderes als elektrochemische Prozesse im Hirn und Nervensystem. Am Sonntag aber geht derselbe Herr Professor in die Kirche und hört sich dort an, daß der Mensch eine unsterbliche Seele habe. Er ist vielleicht ein guter Christ, wie man so sagt. Man hat als Europäer gelernt, auf eine schizophrene Art zu leben. Das begann schon bei Newton, der sagte, man dürfe die wissenschaftlichen Wahrheiten nicht in die Religion einbringen, sonst würde sie heterodox. Man dürfe allerdings auch nicht die religiösen Wahrheiten in die Wissenschaft einbringen, sonst werde sie phantastisch. Damit hat er zwei einander ausschließende Wahrheiten akzeptiert. Das war damals noch möglich, weil die christlich-religiöse Substanz noch so stark war, daß sie den Widerspruch ausgehalten hat. Die Wissenschaft war ja eine Sache, die sich hauptsächlich in den Studierstuben und Kabinetten gebildeter Herren abspielte. Mit der allgemeinen Lebensrealität hatte sie weiter nichts zu tun. Die Sitten und Gebräuche, die Moral und die Lebensform waren davon nicht betroffen. Newton selbst zog ja bekanntlich noch jedesmal den Hut, wenn er an einer Kirche vorbeikam. Aber das hat sich nach und nach geändert. Von Generation zu Generation ist die christlich-abendländische Substanz fragwürdiger geworden, ist immer mehr geschwunden, abgebröckelt, weil sie nur noch traditionell aufrecht erhalten, aber nicht mehr aus lebendigen Quellen ernährt wurde. Heute gibt es eine Menge Studenten, die nun eben nur noch mit wissenschaftlichen Erkenntnissen zu leben versuchen, die Ernst damit machen, solche Ansichten in Lebenswirklichkeit umzusetzen. Ich wundere mich wirklich

nicht, wenn dann einer zur Maschinenpistole greift und einfach um sich schießt, denn auf ein paar elektrochemische Prozesse mehr oder weniger in der Welt kommt es ja wahrhaftig nicht an – zumal wenn diese, nach der Überzeugung der Terroristen, sowieso falsch funktionieren. Nach dem heutigen naturwissenschaftlichen Welt- und Menschenbild sind wir total eingeschlossen in eine *zwingende Kausalität* und – das muß man klar sehen – jeder Zwang löst als Gegenwirkung Aggressivität aus. Auch der innere Zwang. Ich bin sicher, daß ein großer Teil der Aggressivität, die man heute vorfindet, sich aus diesem zwanghaften Denken ergibt. Es ist ein inneres Gefängnis, gegen dessen Wände die Leute toben, ohne es sich bewußt machen zu können. Da sie den inneren Zwang nicht überwinden können, – die »zwingende Logik« ist ja etwas, worauf man stolz ist –, werden sie nach außen aggressiv und fangen an, um sich zu schießen. Ich glaube wirklich, daß da ein Zusammenhang besteht zwischen der Terroristenmoral oder -unmoral und dieser Art des Denkens. Übrigens handelt es sich ja fast immer um Studenten aus bürgerlichem Milieu. Das fällt doch auf! Natürlich wird niemand leugnen, daß Bewußtseinsprozesse im Menschen mit elektrochemischen Prozessen in Hirn- und Nervensystem Hand in Hand gehen. Aber da der Materialist sich unter Geist nichts Konkretes vorstellen kann, läßt er ihn einfach eine Wirkung chemischer Ursachen sein. Feuerbach sagte, das Hirn sondere Gedanken ab wie die Leber Galle. Das ist eine Meinung, die nur spornstreichs in die schiere Verzweiflung führen kann, wenn man sie wirklich ernst nimmt. Aber die Leute, die dergleichen lehren, nehmen es eben nicht wirklich ernst damit. Sie würden sich sicherlich entsetzen, wenn man entsprechende Experimente an ihnen oder ihren Kindern machte. Sie würden sagen: Das ist inhuman! Wo sie den Begriff des Humanen plötzlich hernehmen, würden sie nicht fragen. Aus ihren elektrochemischen Prozessen können sie ihn jedenfalls nicht ableiten. Man hat ja immer schön unterschieden zwischen der wissenschaftlichen Erkenntnis und der menschlichen Lebenswirklichkeit. Das geht aber jetzt nicht mehr. Was gedacht wird, verwandelt sich in Realität. Eine »objektive« Welt, die ohne den Menschen gedacht wird, verwandelt sich in eine tatsächliche Welt, auf der es keine Menschen mehr gibt. Wer behauptet, die einzige Wirklichkeit hinter allem Dasein sind Atome und zwischen ihnen die große Leere, der bringt uns ganz buchstäblich in »Teufels Küche«, weil ein solches Weltbild nicht nur unfähig ist, moralische Werte zu schaffen oder zu rechtfertigen, es muß sogar auf jeden moralischen Impuls letzten Endes zerstörend wirken. Es macht ihn sinnlos.

Eppler: Es kann schon sein, daß manche Jungen uns deshalb so erschrecken, weil sie aus dem Denken der Alten die Konsequenzen ziehen, zu denen die

Alten zu feige waren. Aber es muß ja nicht so sein, daß die Trennung zwischen Naturwissenschaft und Religion nur doppelte Buchführung ist. Irgendwo verlassen wir uns ja doch auf die Kausalketten der Naturwissenschaft. Wie könnten wir uns in ein Flugzeug setzen, wenn wir nicht überzeugt wären, daß die Gesetze der Aerodynamik oder der Mechanik immer gelten? Aber wir lernen auch von Jahr zu Jahr besser, daß es mehr Dinge zwischen Himmel und Erde gibt, als unsere Schulweisheit sich träumen läßt. Es geht auch hier nicht darum, der Naturwissenschaft abzuschwören, sondern darum, *diese* Naturwissenschaft in ihre Grenzen zu verweisen. Ganz sicher gibt es Entsprechungen zwischen geistigen Vorgängen und elektrochemischen Prozessen im Gehirn. Aber wie die beiden zusammenspielen, was da zuerst und was Folge ist, oder genauer: wie die Wirklichkeit aussieht, das gehört für mich zu den Geheimnissen, von denen wir unsere täppischen Finger lassen müssen. Aber hier ist das Umdenken längst im Gange. Die Krise der modernen Medizin ist die Krise eines kausal-materialistischen Denkens. Kürzlich sagte mir ein Taxifahrer, der gar nicht so krank aussah, er habe Magenbeschwerden und müssen nun siebzehn verschiedene Medikamente nehmen, darunter Kortison, jetzt habe er Gliederschmerzen bekommen und werde demnächst zu einem Naturheilkundigen gehen. So sieht das Ende dieses Denkens in der Praxis aus. Zum Bewußtseinswandel unserer Zeit gehört, daß er dieses Denken überwindet.

Ende: Und genau diesen Bewußtseinswandel müssen wir gedanklich zu fassen kriegen, müssen wir mit dem richtigen Namen benennen. Das menschliche Bewußtsein beginnt auf eine ganz neue Art, sich selbst in allem wahrzunehmen, es stößt sozusagen an allen Ecken und Enden auf sich selbst; zum Beispiel gerade bei der Behauptung, es entstehe nur aus elektrochemischen Prozessen im Gehirn, erhebt sich natürlich die Frage: Moment mal, wenn das stimmt, dann ist ja auch diese Erkenntnis selbst wiederum nur das Ergebnis eines elektrochemischen Prozesses! Wie kann aber ein elektrochemischer Prozeß dazu kommen, sich selbst zu erkennen und sich selbst zu benennen? Wie kann er denn Bewußtsein von sich selbst haben? Damit fällt die Katze wieder auf die alten Füße, und wir stehen vor dem alten Rätsel, was nämlich das menschliche Bewußtsein ist. Die Tatsache, daß wir immer deutlicher darauf aufmerksam werden, daß wir gerade dort, wo wir die »objektive« Wirklichkeit gesucht haben, unser eigenes Bewußtsein zurückgespiegelt bekommen, ist meiner Ansicht nach sehr signifikant. Heisenberg hat in einem Aufsatz sinngemäß geschrieben: Wenn wir uns vor Augen führen, was wir bei all unseren Hypothesen über die Elementarteilchen und so weiter eigentlich vor uns haben, so ist dies nichts anderes, als die Struktur unseres eigenen Bewußtseins. Der polnische Schriftsteller Stanislaw

Lem[1] hat ja einen höchst amüsanten Roman über dieses Thema geschrieben. Wir stoßen überall an Grenzen, an denen wie in einem Spiegel das Bewußtsein auf sich selbst zurückgeworfen wird. Der alte Goethesche Satz: »Nichts ist drinnen, nichts ist draußen, das was innen ist, ist außen«, drückt diese Erfahrung schon sehr genau aus. Damit sind wir also wieder, oder wenn ihr so wollt, auf eine neue Art bei uralten Weisheiten angekommen. Ähnliche Dinge haben ja die Vorsokratiker schon gesagt, oder das »Tat-twam-Asi« der alten Inder, das bedeutet, »das, was du wahrnimmst, bist du«.

Tächl: Ja. Sehr oft wird diese neue Innen-Außen-Wahrnehmung auch in Gang gesetzt durch einen Defekt, durch etwas, was nicht mehr stimmt. Ich möchte das Beispiel unserer Krankheiten nehmen. Mit einer körperlichen Erkrankung beginnt oft eine intensive Wahrnehmung seelischer Prozesse. Bestimmte Krankheiten geben Seelenhaltungen wieder, die von unserer Zivilisation hervorgerufen oder begünstigt werden, zum Beispiel Krebs – Wucherungen, Einfressungen; Sklerotisierungen – Verhärtungen; Erkrankungen der Atemwege – Hetze, Atemlosigkeit; Bandscheibenschäden – einseitige Überlastung; Herzinfarkt – Leistungsübermaß bis zur »Herzlosigkeit«. Diese Krankheitsbilder scheinen mir Spiegel zu sein, in denen Seelenhaltungen sichtbar werden.
Ich finde, das Bewußtsein dafür, daß unsere Lebensweise – Streß, Ernährung, Ärger, Freude – an unserer Gesundheit beziehungsweise Krankheit mitwirkt, hat zugenommen. Und auch der Blick für den Zusammenhang zwischen Seele, Körper und Geist ist schärfer geworden. Die Menschen werden wahrnehmungswach.
Erhard, du sprachst vorhin von der Krise der modernen Medizin. Man ist heute doch für neue Behandlungsmethoden aufgeschlossener geworden wie Homöopathie, Akupunktur, Geistheilung etc., und läßt sich viel weniger als früher mechanische Behandlungsmethoden gefallen, die nur symptombezogene Reparaturen vornehmen wollen und das Ganze außer Acht lassen.

Eppler: Wenn wir auch hier an einer Grenze sind – und wir sind überall an Grenzen – so ist vielleicht gerade insofern der Vergleich zur Renaissance interessant, als die Renaissance dazu ansetzte, Grenzen zu überwinden. Grenzen des Raumes durch die Entdeckungen, Grenzen des Raumes und des Weltbildes durch Galilei, Grenzen des Wissens, des Erkennens, Grenzen des Produzierens, Grenzen der Geschwindigkeit und so fort. Seit der Renaissance sind wir permanent dabei, Grenzen zu überwinden. Heute sind wir dabei Grenzen zu erkennen...

Ende: Aber auch Grenzen zu setzen...

---

1 Stanislaw Lem, *Die Stimme des Herrn*, Frankfurt, 1981

Eppler: Ja, vielleicht auch zu setzen, aber vor allem wohl wahrzunehmen. Grenzen der Ressourcen, Grenzen der Umweltbelastung, Grenzen der physischen Belastung, Grenzen des menschlichen Fassungsvermögens, etwa bei der Informationsflut, oder eben auch Grenzen der Manipulierbarkeit eines menschlichen Körpers durch chemische Mittel... Eigentlich sind wir schon so weit, daß wir fragen müssen, was hinter diesen neu wahrgenommenen Grenzen liegt.

Ende: Genau das finde ich *die* Frage unseres Jahrhunderts. Denn es besteht ein entscheidender Unterschied zu der Umbruchstimmung der Renaissance. Wie schon der Name Renaissance sagt, haben die Menschen damals versucht, ihre Maßstäbe aus der Vergangenheit zu holen, aus einem Wiederaufgreifen der Antike – oder richtiger gesagt, dessen, was sie darunter verstanden. Wir sind ja inzwischen etwas anderer Meinung über die Antike. Was man in der Renaissance unter Antike verstand, das wollte man wieder beleben. Man orientierte sich an bestimmten Größebegriffen der Antike. Man nahm die Maßstäbe aus der Vergangenheit. Solche Maßstäbe aus einer großen kulturellen Vergangenheit gelten meiner Ansicht nach noch bis in die Goethe-Zeit hinein. Wir befinden uns heute aber – und ich glaube, das ist zum ersten Mal in der Weltgeschichte der Fall – in einer geradezu entgegengesetzten Situation. Wir müssen nämlich unsere Maßstäbe, nach denen wir jetzt handeln sollten, aus einem Antizipieren der Zukunft holen. Eigentlich tut das schon jeder von uns. Auch wir hier überlegen uns ja, wie die Welt in hundert Jahren aussehen könnte oder sollte. Die ganze ökologische Frage zum Beispiel beruht ja auf einem Antizipieren der Zukunft. Wir alle müssen, ob wir wollen oder nicht, prophetisch denken lernen. Wir müssen heute und hier auf eine Katastrophe reagieren, die sich in der Zukunft einstellen wird. Das ist ganz neu als Bewußtseinshaltung, das müssen wir alle erst lernen.

Eppler: Die Gefahr einer solchen Katastrophe in einer mehr oder weniger fernen Zukunft hat es in der vorliegenden Form noch nie gegeben. Auch insofern sind wir ohne historische Erfahrungen.

Ende: Nein, vor diesem Problem steht die Menschheit in ihrer Geschichte zum ersten Mal... Übrigens bei den Grenzen, die du aufgezählt hast, fehlt noch eine, vielleicht die entscheidendste, nämlich die, die durch die Atombombe besteht. Durch die atomaren Waffen bekommt jegliche kriegerische Auseinandersetzung einen völlig anderen Stellenwert als je in der Geschichte zuvor. Ein Krieg, der den Untergang der Menschheit bewirkt, hat keinen Sinn mehr. Ich weiß nicht, ob früher Kriege einen Sinn hatten – man kann es behaupten, man kann es bezweifeln. Das wollen wir jetzt nicht weiter untersuchen. So wie heute die Dinge stehen, spielen weder die berühmten kriegerischen Tugenden, die man früher rühmte, eine Rolle, noch kann dabei in irgendeiner Form ein Problem gelöst werden. Es kann nur der allgemeine Untergang dabei herauskommen. Damit ist auch hier wieder eine Grenze erreicht, die nicht mehr überschritten werden kann. Über die Vernichtung allen Lebens auf der Welt kann man nicht mehr hinaus. Deswegen ist es sinnlos, sich auch noch zu überlegen, ob man noch tödlichere Waffen braucht und immer noch tödlichere. Wir sind heute bereits in der Lage, alles Leben auf der Erde vierzigmal zu vernichten. Wollen wir es dann noch fünfzigmal und sechzigmal zerstören können? – Das kommt mir vor wie jene Schwurgerichtsurteile, in denen einer dreimal zum Tode verurteilt wurde. Er hatte aber nur einen Kopf.

Tächl: Das heißt also, man muß unbedingt neue Formen der Auseinandersetzung finden. Konflikte wird es wohl immer geben...

Ende: Konflikte muß es geben, und es muß auch die Möglichkeit geben, sie auszutragen, aber nicht durch Krieg. Eine konfliktlose Menschheit wäre eine, die aufgehört hat, lebendig zu sein. Eine konfliktlose menschliche Gesellschaft – das wären Zombis, Mumien, Automaten.

Eppler: Mir ist jetzt im Gespräch etwas klar geworden, was ich so noch nicht gesehen hatte. Unsere Situation wäre demnach die, daß wir zwar einsehen, daß die technokratische Fortschreibung nicht mehr funktioniert und daß sie zur Katastrophe führt. Wir können aber auch nicht, wie das in früheren Zeiten möglich war, reaktionär in dem Sinn, daß wir Rezepte, nicht Werte der Vergangenheit einfach aufgreifen und sagen, das ist doch früher einmal so gegangen, nun laßt es uns wieder so versuchen. Die Dramatik unserer Situation besteht darin, daß wir Zukunft bewältigen müssen, ohne irgendwo anders als aus unserer eigenen Kreativität, aus unserer Phantasie, natürlich auch aus unserer rationalen Erkenntnis schöpfen zu können. Und da müssen wir schon sehr viel Glück haben...

Ende: Du hast sicherlich recht mit deiner Skepsis, Erhard. Aber ich glaube, die Entwicklung bestimmter neuer Fähigkeiten in vielen Menschen geht manchmal sehr schnell, geht manchmal wie in einem Sprung vor sich. Da schlägt förmlich etwas ein wie ein geistiger Blitz. Ehe sich zum Beispiel im 16. Jahrhundert die Fähigkeit des Intellektualismus entwickelt hatte, konnte sich sicher niemand vorstellen, wie so etwas möglich sein sollte. Aber innerhalb von dreißig Jahren war diese neue Fähigkeit bei vielen Menschen in Europa vorhanden. Heute ist im Grunde jeder Bauer bei weitem intellektueller als im Mittelalter irgendein studierter Herr. Das ist einfach eine allgemeine Fähigkeit geworden seit dem 16. Jahrhundert. Ich glaube, so entwickelt sich jetzt abermals eine neue Seelenfähigkeit, das kann man fast mit Händen greifen. Es entsteht eine Art prophetischer Instinkt. Er taucht als neue Seelenkraft in den Menschen auf. Die unterschwellige Angst, die man heute überall spürt, halte ich geradezu für die Geburtswehen einer solchen neuen Seelenfähigkeit. Das Entstehen neuer Seelenfähigkeiten wird immer von einer eigentümlichen Weltuntergangsstimmung begleitet. Es war im 15. und 16. Jahrhundert nicht anders, da gab es auch so eine eigentümliche Weltuntergangsstimmung, und dann brach etwas Neues durch. Jetzt herrscht wieder so eine ähnliche Stimmung: Es will eine neue Seelenfähigkeit zum Durchbruch kommen, glaube ich. Ich nenne diese Fähigkeit vielleicht etwas ungeschickt eine Art prophetischen Instinkts, ein Wissen, ein intuitives Wissen um das, was in Zukunft werden wird aus dem, was wir jetzt tun. Diese Entwicklung hat eben erst begonnen.

Eppler: Vielleicht gibt es da zwei Dinge, die man unterscheiden sollte: Das eine ist vielleicht etwas ganz Intuitives, was wohl mehr gespürt als errechnet wird, was du prophetischen Instinkt nennst. Das andere sind natürlich ganz exakte wissenschaftliche Berechnungen, die diese Ahnungen dann bestätigen, und die gibt es heute im Gegensatz zum 15. Jahrhundert.

Ende: Natürlich. Wir müssen zu den intellektuellen Fähigkeiten, die nun schon einmal da sind, eine neue Fähigkeit dazugewinnen, um wieder ins Gleichgewicht zu kommen. Der Intellektualismus war notwendig; aber wir müssen den Intellektualismus gleichsam erlösen aus dem geistigen Gefängnis des Materialismus. Wir müssen eine neue Fähigkeit dazugewinnen, denn wenn wir im puren Intellektualismus stecken bleiben, dann verlieren wir unser Menschengesicht.

Eppler: Und unsere Gesundheit auch ...

Ende: Aber auch all die Begriffe für das, was wir als Würde des Menschen bezeichnen.

Eppler: Mit all dem, was wir jetzt sehen, wird mir auch klarer, was Hanne Tächl vorher meinte. Die jungen Leute wollen nicht mehr auf eine Zukunft warten, sondern sie wollen diese im kleinen vorwegnehmen. Sie haben keine Zukunft, auf die sie hinleben können; wenn sie eine haben wollen, müssen sie diese Zukunft hier und jetzt gewissermaßen an einem Zipfel anpacken und realisieren. So war es doch gemeint, oder?

Tächl: Ja, es muß in dem, was ich als Zukunftsziel anpeile und im Moment zu realisieren versuche, bereits von Anfang an im kleinen das angestrebte Wunschbild enthalten und erkennbar sein.
Das bedeutet, daß ich zum Beispiel von Beginn an auf die richtige Proportion von aktivem und kontemplativem Tun achten muß, damit ich nicht an mir vorbeilebe. Ich werde dann eine Freude empfinden, eine Lebensfreude, die bei der Verwirklichung eines Zukunftszieles unerläßlich ist. Sonst sind Arbeit und Leben wieder zwei verschiedene Dinge – und das können wir uns einfach nicht mehr leisten.
Mir hat man als Kind immer gepredigt: »Erst die Arbeit – dann das Vergnügen«. Inzwischen ist in unserer Gesellschaft daraus die Regel geworden: »Erst die Arbeit, dann das Leben«.
Dazu hat die Nachkriegsgeneration, die sich in den Wiederaufbau gestürzt hat, sicher auch wesentlich beigetragen. Sie hat geistige und seelische Bedürfnisse unterdrückt, verdrängt, weil sie ja erst den Wiederaufbau, vor allem den wirtschaftlichen, schaffen mußte. Später hat sie gemerkt, daß sie damit ein Stück Leben versäumt hat, das sich nicht so ohne weiteres nachholen läßt. Irgendwie rächt sich ungelebtes Leben, in dem ja auch Reifungsprozesse versäumt werden. Und die Jungen spüren das. Sie wollen ihr Leben nicht verpassen.
Die junge Generation fühlt, daß sie keine Zeit zum Warten hat und daß ein nicht intensiv und sinnvoll gelebter Augenblick für die Zukunft verloren ist. Aus einem solchen Bewußtsein können wohl neue Lebensformen erwachsen.

Eppler: Würde das bedeuten, daß diese Versuche alternativen Zusammenlebens, also all die Versuche in kleinen Gruppen, nicht Flucht vor einer Wirklichkeit wären, wie dies sie heute unsere Gesellschaft sieht, sondern eine Vorwegnahme von Zukunft, ein Wegweiser in die Zukunft? Damit würden diese Leute zum Ausdruck bringen: Was wir hier machen, machen wir jetzt zwar im kleinen, aber wir können uns sehr wohl vorstellen, daß daraus schließlich nicht eine Insel in der Gesellschaft wird, sondern möglicherweise sogar ein Strukturprinzip der Gesellschaft.

Tächl: Das ist sicher richtig. Vor allem leidet ja die Mehrheit der Menschen unter den Mängeln, aus denen heraus dann kleine Gruppen versuchen, etwas anders und besser zu machen. Von daher finde ich es wahrscheinlich, daß alternative Versuche Schule machen.
Nehmen wir nur die Situation der vielen alten Menschen, die gegen ihren Willen in Heime abgeschoben werden, zumal dann, wenn Pflegebedürftigkeit auftritt, die Situation berufstätiger Mütter, die unter der Doppelbelastung leiden und die Kleinfamilie überhaupt, die vielen Belastungen nicht gewachsen ist.

Da ist es kein Wunder, daß neue Gemeinschaftsformen gesucht werden, die gegenseitige Hilfe ermöglichen. Wohngemeinschaften versuchen das ja. Aber die funktionieren, soweit ich das beobachten konnte, häufig nur für eine begrenzte Zeit und sind auch nur für wenige, meist junge Menschen, eine geeignete Wohnform. Die überwiegende Zahl der Mitteleuropäer möchte doch die Errungenschaft individuellen Wohnens nicht aufgeben. Wie kann man trotzdem eine Gemeinschaftsform verwirklichen, in der die beschriebenen Mängel behoben werden können? Ich habe mit meinem Lebensgefährten darüber viel gesprochen, und wir sind auf eine Idee gekommen, die wir »Nachbarschaftswohnen« genannt haben. Diese Idee beruht darauf, daß sich mehrere – große und kleine – Familien und Alleinstehende, ›Singles‹, verschiedenen Alters zusammentun mit der Bereitschaft zu einer neuen Nachbarschaftlichkeit, in der gegenseitige Hilfe selbstverständlich ist. In regelmäßigen Zusammenkünften bespricht man anfallende Aufgaben und Wünsche. Wenn ich da also mitmache, dann erkläre ich mich bereit, mit anderen zusammen zum Beispiel die Pflege eines alten Menschen zu übernehmen, der dadurch nicht ins Pflegeheim muß. Da sich mehrere diese Aufgabe teilen, wird das zu schaffen sein und nicht eine Überlastung bedeuten – wie das in der Kleinfamilie der Fall wäre. Und ich selber weiß, daß mir gegebenenfalls ebenso geholfen wird. Allerdings müßten alle Wohnungen für diesen Fall auch altengerecht gebaut sein. In meiner jetzigen Wohnung dürfte ich kein Rollstuhlfall werden.

Es ist wohl auch zu überlegen, ob ein solches Wohnkonzept in bestehenden Nachbarschaften zu verwirklichen ist – ich halte das für sehr schwierig.

Vielleicht müßte man so etwas zunächst mit Menschen ausprobieren, die sich eigens unter diesem Ziel zusammentun. Ich zweifle nicht daran, daß es genügend Leute gibt, die das derzeitige Miteinanderleben und -wohnen satt haben, sich gern für eine solche Gemeinschaft einsetzen würden. Das könnte auch für die ganze Gesellschaft anregend und ansteckend wirken.

Mir ist bei den öffentlichen Diskussionen, die ich nun seit zwanzig Jahren im allgemeinen mit einem jungen Publikum führe, etwas aufgefallen. Noch vor sechs, sieben Jahren waren diese Diskussionen immer stark ideologisch gefärbt. Da gab es die unvermeidliche Frage nach der »gesellschaftlichen Relevanz« und nach dem »emanzipatorischen Aspekt« und so weiter. In den letzten Jahren ist das spürbar anders geworden. Es herrscht jetzt eher ein eigentümliches Mißtrauen, besser gesagt eine Müdigkeit dem Argument gegenüber. Es kommt mir vor, als hätten die jungen Leute heute das Gefühl, daß man unter den entsprechenden Prämissen immer alles beweisen und alles widerlegen kann.

Was beweisbar oder widerlegbar ist, interessiert sie gar nicht mehr. Jeder Anspruch auf »absolute Wahrheit« macht sie eher mißtrauisch oder renitent. Sie glauben nicht mehr an die Allgemeingültigkeit irgendwelcher Maximen. Das, was sie interessiert, sind die ganz individuellen Erfahrungen jedes einzelnen, die Erfahrungen mit anderen Menschen, Erfahrungen mit der Natur, religiöse Erfahrungen. Sie verstehen auch ihre eigene Suche nicht mehr als eine theoretische, sondern als eine persönlich-existenzielle Suche. Diese Einstellung mag manchmal zu grotesken Formen führen, aber die Devise bleibt doch immer, *man muß die Dinge persönlich erfahren um festzustellen, ob etwas geht oder nicht.*

Eppler: Was natürlich auch zu stärkeren psychischen Gefährdungen führt.

Ende: Ganz gewiß. Das führt bis zur Drogenszene hinüber. Da werden dann dem Körper Erlebnisse abgequält, die der Geist machen möchte, aber nicht machen kann, weil alle Voraussetzungen fehlen. Man spricht ja nicht umsonst vom »Instant-Yoga«. Dahinter steckt ein spiritueller Hunger, die Sehnsucht, die Wirklichkeit einer geistigen Welt persönlich zu erfahren. Auch hier wieder der Wunsch, eine Grenze zu durchbrechen, die unsere bisherige Zivilisation gesetzt hat.

Tächl: Es ist die Frage, ob das so sein muß. Ich habe manchmal das Gefühl, viele dieser Gefährdungen würden anders aussehen und anders ablaufen, wenn die Älteren sich nicht so sehr davon distanzieren würden. Es wäre viel getan, wenn sie erkennen und dann auch zugeben würden, daß sie an der psychischen Erkrankung, an der Drogen- oder Alkoholsucht der jungen Menschen – nicht nur der eigenen Kinder – ursächlich beteiligt sind. Sie gingen dann vielleicht anders damit um. Aber abgesehen davon glaube ich, daß es eine Hilflosigkeit gibt, die aus der Unmöglichkeit stammt, diese Anforderungen innerhalb der jetzigen Lebensformen zu bewältigen. In der Kleinfamilie, um die noch einmal zu strapazieren, ist es oft eben wirklich nicht möglich, einen Alten zu pflegen, einen psychisch Kranken zu betreuen oder mit einem Drogensüchtigen fertigzuwerden. Da hat diese Lebensform ihre Grenze. Diese Grenze habe ich selber erfahren.
In einer neuen nachbarschaftlichen Gemeinschaft müßte man »Problemfälle« nicht immer gleich aussondern, wie das heute üblich geworden ist. Wenn wir so weitermachen, besteht unsere Gesellschaft überhaupt nur noch aus Randgruppen inklusive der sogenannten »Normalen«. Aber Spaß beiseite: Solche Formen des Zusammenlebens wie etwa das Nachbarschaftswohnen sind auch erheblich billiger als die Heime und Pflegestätten, die ja gar nicht bringen, was sie kosten. Wenn der Staat diese neuen Formen finanziell fördert, wird er auf die Dauer Geld sparen

und damit außerdem jenes Stück soziale Verantwortung an den Bürger zurückdelegieren, das bei ihm besser aufgehoben ist.

Eppler: Das liefe auf die Frage hinaus, ob das große soziale Netz halten kann, wenn es nicht durch viele kleine Netze entlastet wird. Insgesamt spitzt sich alles auf die Frage zu, was liegt hinter der Grenze der Wachstumsgesellschaft, hinter der Grenze des Rüstungswettlaufes, hinter der Grenze der chemotechnischen Medizin, hinter der Grenze der in ihrer Isolierung erstickenden Kleinfamilie und so fort... Da wir aber alle nicht wie der Balthasar Bastian Bux gerade von *Phantásien* zurückkommen, sondern möglicherweise noch nie dort waren, fällt es uns schwer, darüber etwas – wenn schon nicht Präzises, so doch wenigstens Hilfreiches – zu sagen. Junge Menschen wachsen in eine Zukunft hinein, die es noch nicht einmal in unserer Phantasie gibt, und da wundern wir uns, wenn das passiert, was passiert.

Tächl: Mir paßt die Wendung »was hinter der Grenze liegt« nicht, weil *Phantásien* und unsere Welt eine Einheit bilden. Das ist eine Polarität, die im Leben zur Geltung kommt. Wenn sie nicht wirkt, dann kommt Bedrückung und Aggressivität zustande, wie bei den Managern. Ich sehe dann nämlich keine Alternative mehr, weil mir von meinem natürlichen Lebenselement etwas fehlt. Das »hinter der Grenze«, das ist bei uns mit drin. Eigentlich ist es auch ein Ausdruck unseres linearen Denkens, wenn wir uns *Phantásien* und diese Welt wie durch einen Strich getrennt vorstellen. Das meinst du aber nicht, oder?

Eppler: Wenn ich von Grenze spreche, meine ich eine geschichtliche Frage, die Frage einer Epoche. Wir alle leiden an einem Mangel an Phantasie. Da wir nicht gerade aus *Phantásien* zurückkommen, gibt es im Grunde keine motivierende Vorwegnahme von Zukunft, sondern nur noch eine lähmende Vorwegnahme in Form von Unheilsprognosen. Dann gibt es wiederum einige Leute, die diese Unheilsprognosen bezweifeln oder wegwischen wollen. Denen wird auch nicht geglaubt. Vor fünfzehn Jahren habe ich einmal in der *Die Zeit* einen Artikel geschrieben mit der Überschrift »Ohne Zukunft lebt sich's schlecht«. Der Mensch ist im Gegensatz zum Tier ein Wesen, das von der Zukunft her lebt. Wenn jemand in einem Raum leben würde wie die eingesperrten Terroristen, wo er alles hat – Fernsehen und Bücher und ordentlich zu essen und so fort – und er wüßte, wenn ich will, kann ich heute abend hier raus, dann würde er sich da außerordentlich wohlfühlen. Daß er sich nicht wohlfühlt, hängt damit zusammen, daß er heute abend nicht heraus kann, daß die Zukunft verbaut ist, obwohl die Gegenwart so aussieht, als wäre sie ganz bewohnbar und vernünftig. Manchmal denke ich, daß es bei unseren jungen Leuten ein bißchen ähnlich ist. Sie finden sich in einem relativ wohnlichen Raum, aber sie wissen nicht, wie sie da herauskommen. Sie fühlen sich eingesperrt.

Ende: Gerade die Luxuseinrichtung des Gefängnisraumes macht erst recht wütend. Dadurch werden einem alle Argumente entzogen, man wird mundtot gemacht in dieser bequemen Gummizelle, in der man sitzt. Man kann sich ja über nichts wirklich beschweren, man weiß nur, daß diese Art von Wohlstand genau das nicht ist, was man will. Aber man hat kaum eine richtige Handhabe. Es ist ja nicht so, daß wir in Deutschland zur Zeit ein faustdickes Elend hätten, auf das man hinzeigen könnte. Trotzdem haben alle das Gefühl der Sinnlosigkeit. Ich möchte nochmals auf dein Stichwort von der Wirklichkeitskrise zurückkommen. Ich wage einmal zu sagen, diese Wirklichkeitskrise ist im allerelementarsten Sinne eine religiöse Krise. Die Frage nach dem Sinn des Daseins nämlich ist eine religiöse Frage. Nicht nur die Drogenszene, viele andere Phänomene in der ganzen jungen Generation – angefangen von den Jugendreligionen, über die Leute, die nach Poona reisen, die Leute, die nach Japan reisen, um dort Zenbuddhismus zu studieren, oder die sich dem Castañeda-Kult zuwenden und so weiter – alles das zeigt, daß eine ungeheure Sehnsucht vorhanden ist, in die unerträglich banale Alltagsrealität eine religiöse Dimension und eine transzendente Sinnvorstellung hineinzubringen. Man will das eigene Leben wieder in einer religiösen Dimension erleben können, aber nicht mehr nur in einer abstrakt-theologischen, sondern in einer praktischen, wirklichen Erfahrbarkeit. Was in alten Zeiten einmal unter Religion verstanden wurde, nämlich das wirkliche Erfahren eines Mysteriums, nicht das theoretische Erörtern von Lehrmeinungen und schon gar nicht das bloße Befolgen einer bürgerlichen Bravheitsmoral, das ist es, wonach bei vielen dieser jungen Leute ein ungeheures Verlangen besteht.

Eppler: Ja, ich glaube, daß die Frage nach der Wirklichkeit letztlich eine religiöse Frage ist. Wenn ich die hunderttausend jungen Leute sehe, die auf dem letzten Kirchentag waren, sie alle suchen eine Wirklichkeit, eine sehr diesseitige, aber erfüllte und *sinn-volle* Wirklichkeit, die ganze Wirklichkeit, zu der die religiöse Dimension gehört. Dieselben jungen Leute, die dem Verteidigungsminister ihre Meinung sagen wollen, sind auch bei den Bibelarbeiten und beim Feierabendmahl. Sie sind auf der Suche nach der unverkürzten Wirklichkeit.

Tächl: Ich erfahre ja wohl Gott über den Menschen, nicht? Davon gehe ich aus. Und wenn ich nicht das über den Menschen erfahre, über wen dann eigentlich sonst?

Ende: Ich möchte zu dem, was Erhard Eppler eben sagte, noch etwas hinzufügen. Du sagtest eben, die jungen Leute würden eine sehr diesseitige Wirklichkeit suchen, ich glaube aber, daß es genau darum geht, diesen Begriffsunterschied endlich zu überwinden. Die Unterscheidung zwischen diesseitig und jenseitig ist meiner Meinung nach auch so ein unbrauchbar gewordenes Relikt eines vergangenen Denkens. Erst relativ spät im abendländischen Denken hat man die Welt in diese zwei Bereiche eingeteilt. Ich meine, daß es überhaupt erst durch den Arabismus in unser Denken gelangt ist. Man stellte sich eine materielle Welt vor, die nichts mit Gott zu tun hat, dann kommt lange nichts und irgendwo, ganz weit weg, jenseits eben, existiert ein sozusagen abstrakter Gott – ein allgemeiner Weltgeist, unter dem niemand sich etwas Konkretes vorstellen kann. Die ursprünglich christliche Vorstellung war aber die, daß das Göttliche sich hier unter den Menschen auf der Erde manifestiert und daß die Welt selbst, die Schöpfung, eine Offenbarung des göttlichen Geistes ist. Wenn man die Welt als eine solche Einheit versteht, dann gibt es in Wirklichkeit nicht mehr die Unterscheidung in Diesseits und Jenseits.

Tächl: Ich verstehe das Christuswort »dies ist mein Leib« tatsächlich so.

Eppler: Ja, so wollte ich das auch sagen. Die jungen Menschen suchen ein Leben hier und jetzt, das aber noch eine zusätzliche Dimension hat, die weithin verlorengegangen ist. Aus diesem Grunde verstehen die meisten Beobachter heute den Kirchentag auch nicht. Die einen halten den Kirchentag für eine politische Veranstaltung mit ein bißchen religiöser Garnierung. Und andere halten ihn für eine religiöse Veranstaltung mit politischer Garnierung. Tatsächlich suchen diese Menschen ein Leben, das »wirkliche Leben«, das natürlich den gesellschaftlich-politischen, aber auch den privaten Bereich umfaßt, ihr Verhältnis zu anderen Menschen. Sie spüren, daß sie das alles nicht schaffen, ohne in die volle Wirklichkeit einzutreten, zu der eben auch Jesus Christus gehört. Und ich finde das sehr hoffnungsvoll.

Tächl: Es ist bloß verdammt mühsam. Meine Erfahrung nach dem Kirchentag war die, daß ich das dort Erfahrene in meinen Alltag einbringen wollte. Damit es nicht verlorengeht, habe ich mit einer Gruppe von Leuten den Versuch unternommen, unter dem Stichwort »Basisgemeinde« Zusammenkünfte zu veranstalten, die gottesdienstähnlich gemeint waren.
Ich habe nicht mehr mitmachen können, als man immer mehr und mehr auf Kosten der Spontaneität und Natürlichkeit theologisches Fachwissen einbrachte. Ich habe auch die Formen nicht mehr aushalten können, wie man miteinander geredet hat – zwar wurden eigenständig auf dem

Hintergrund eines vorgegebenen Textes Gedanken entwickelt, oft hatte ich aber das Gefühl, daß der Mensch sich hinter dieser Aussage versteckte. Ich habe mich damit einfach nicht abfinden mögen. Ich mußte denken, daß es vielleicht sinnvoller sei, mit diesen Menschen etwas anderes zu tun, als über Theologie zu reden. Ein Bestandteil dieser Treffen zum Beispiel, der mir sehr gefallen hat, war, miteinander zu essen und zu trinken. Die Haltung, in der jeder dazu etwas mitgebracht hat – selbstgebackenes Brot, angemachten Quark, Obst, Blumen – und die Art und Weise, in der gegessen und getrunken wurde, hat mir viel Direkteres, Aufschlußreicheres über diese Menschen gesagt und sie mir auch sympathischer werden lassen als durch ihre Reden. Da haben sie sich nicht verstellt, nichts vorgegeben, da waren sie religiöser als in ihren Worten. Anders gesagt: Ich habe diese Menschen ganz woanders gefunden als da, wo wir alle es uns vorgenommen hatten.

Ende: Könnte es nicht sein, daß eine neue Religiosität überhaupt an einer ganz anderen Stelle ansetzt? Gar nicht so sehr bei den Glaubensfragen, sondern zunächst mal einfach in einer neuen Art, die Welt zu sehen? Zum Beispiel glaube ich, daß sich hinter der ökologischen Bewegung noch etwas anderes verbirgt als nur die Sorge um eine pfleglichere Behandlung der Natur. Dahinter steht nämlich ein neues Bewußtsein der Natur gegenüber – neu natürlich nur für uns. Im Grund ist es uralt, aber das lassen wir jetzt einmal beiseite. Man wird sich plötzlich bewußt, daß eine Pflanze ein lebendiges Wesen ist, das mit mir diesen Planeten bewohnt, das nur von anderer Art ist als ich, das aber als brüderliches Wesen meinen Respekt verdient. Das ist eine neue Haltung, und indem ich in der Pflanze das Wesenhafte sehe, das meinem eigenen Wesen verwandt ist, sehe ich eigentlich schon etwas in ihr, was gar nicht mehr so weit entfernt ist von dem, was die alten Völker den Elementargeist, die *Dryade*, nannten. Nicht? Man fängt wieder an, ein Geistig-Wesenhaftes in der Pflanze zu erleben, während man vorher eben nur die chemischen Prozesse darin sah. Das war eine lieblose, eine achtlose Betrachtungsweise. Im Tiefsten lebt in der ganzen ökologischen Bewegung, so wie ich sie verstehe, viel mehr als nur der Wunsch zu einem besseren, vorsichtigeren Nutzungsverhältnis zur Natur zu kommen. Wenn ich das Geistig-Wesenhafte in den Mitgeschöpfen auf dieser Welt zu sehen versuche, dann ist das schon eine religiöse Haltung. So wie in der Findhorn-Gemeinschaft[1] etwa, oder auch in der biologisch-dynamischen Landwirtschaft.

Tächl: Ja, genau, das ist es ja eben. Meine Leute von der Basisgemeinde sind alle praktisch engagiert z. B. bei den Kriegsdienstverweigerern, bei *Ohne*

---

1 David Spangler, *New Age – Die Geburt eines neuen Zeitalters, Die Findhorn-Community*, Frankfurt 1978

Rüstung leben, bei *Pro Ökumene,* als Heilpraktiker und so weiter. Also da würde ich jederzeit etwas Praktisches mit ihnen machen wollen.

Eppler: Die Frage nach der Wirklichkeit ist schon eine religiöse Frage.

Ende: Und damit verändert sich das ganze Wirklichkeitsbild!

Eppler: Und daher ist übrigens auch leicht verständlich, wie nah Ökologiebewegung und Friedensbewegung zusammengehören. Der Protest gegen Instrumentalisierung von Tier und Pflanze, ihren Mißbrauch durch die Menschen, ihre Degradierung zur reinen Sache wäre ja seltsam, wenn da nicht Protest gegen die Instrumentalisierung des Menschen, seine Degradierung zu einer Schachfigur im Spiel der Strategen dabei wäre.

Tächl: Dazu gehört wohl auch, daß wir versuchen, Arbeitsplätze abzuschaffen, die die Gesundheit ruinieren oder die Persönlichkeit verkümmern lassen. Und andererseits, daß wir solche Tätigkeiten, wo wir sie nicht abschaffen können oder wollen, nicht gering achten.

Ende: Seht ihr, da sind wir wieder bei einer der Fragen, die mich ständig beschäftigen. Ihr kennt ja meine *Momo* und wißt, daß mich die Figur des Straßenkehrers ungemein interessiert. Man müßte eigentlich an allen Schulen den Kindern beibringen, daß der Straßenkehrer eine Arbeit tut, die mindestens so wichtig ist wie die Arbeit der Ärzte. Ohne Straßenkehrer könnten uns die besten Ärzte der Welt nicht mehr helfen. Der Straßenkehrer wird aber nicht gleich geachtet. In unserer Konkurrenz- und Leistungsgesellschaft herrschen völlig kranke Prestigevorstellungen. Ein Gärtner gilt bei weitem nicht so viel wie ein Generaldirektor. Aber ein guter Gärtner ist natürlich hundertmal mehr wert als ein schlechter Generaldirektor! Man muß ganze Wertskalen auf den Kopf stellen, damit die Dinge richtig gesehen werden.

Eppler: Vielleicht aber noch zu Beppo. Im Grunde gibt es ihn ja schon gar nicht mehr. Da diese Arbeit so angesehen wird, wie sie angesehen wird, bekommt man dafür heute vielleicht noch einen Türken... Im übrigen wird die Straßenreinigung jetzt mit Fahrzeugen besorgt, die einen fürchterlichen Lärm und einen fürchterlichen Gestank machen, die den Verkehr aufhalten, die wahrscheinlich sehr teuer sind und möglicherweise noch nicht einmal rentabel. Man braucht sie aber, weil diese Arbeit diskriminiert wurde. Ein guter Teil dieser Mechanisierung geschieht möglicherweise gar nicht aus Gründen der Rentabilität.

Ende: Ein elitäres Geistesleben und ein kapitalistisches Wirtschaftsleben erzeugen natürlich diese eigentümlichen Prestigevorstellungen, die da überall noch herrschen und die in unsere menschlichen Wertvorstellungen ständig den Wurm hineinbringen. Ein Volksschullehrer gilt weniger als ein Gymnasiallehrer und der gilt wieder weniger als ein Hochschullehrer – was die pädagogische Verantwortung betrifft, wird natürlich gerade umgekehrt ein Schuh draus! Ich bin übrigens davon überzeugt, daß ein großer Teil des ungeheuren Zudrangs zu den Universitäten nicht darauf zurückzuführen ist, daß so viele Leute unbedingt studieren wollen, weil es sie innerlich zu den Wissenschaften treibt, sondern weil es eine Prestigefrage ist, weil man im Prestige höher steht, wenn man den Doktortitel hat.

Eppler: Und man bekommt natürlich auch mehr Geld. Solange ein Rechtsanwalt, wenn er einigermaßen ordentlich ist, das Fünffache eines Arbeiters verdient, und der Zahnarzt notfalls das Zehnfache, ist der Andrang in solche Berufe unvermeidlich. Ich wundere mich häufig darüber, daß in der Politik dieselben Leute, die eine Rehabilitierung der Handarbeit propagieren, gegen jede Verminderung der Einkommensdifferenzen sind. Aber das gehört natürlich zusammen. Ich kann nicht sagen, die Arbeit eines Maschinenschlossers ist so viel wert wie die Arbeit eines Chirurgen, wenn der das Zehnfache verdient.

Tächl: Daß die Ärzte so viel mehr verdienen als die Facharbeiter zum Beispiel, das würde ich ja noch erträglich finden, wenn die Ärzte nicht für die falsche Leistung honoriert würden. Ihr Verdienst ist nämlich um so höher, je weniger sie gesund machen.

Ende: Ja, mir fällt dazu immer die schöne alte chinesische Gepflogenheit ein, die darin bestand, daß ein Arzt meinetwegen fünfzig Familien betreute. Jede Familie zahlte ihm, solange alle gesund waren, eine geringe Summe im Monat. Bei fünfzig Familien machte das ein stattliches Einkommen. In dem Moment, wo einer krank wurde, hörte die Zahlung auf. Der Arzt mußte sich bemühen, den Patienten wieder gesund zu machen, um sein Geld wieder zu bekommen. Das war vernünftig. Bei uns macht man es natürlich genau umgekehrt. Du hast eben von der Verminderung der Einkommensdifferenz gesprochen, Erhard. Erlaube mir dazu noch eine Bemerkung. Diese absurden Einkommensdifferenzen sind doch eine direkte Konsequenz der kapitalistischen Wirtschaft. Solange der Arbeiter seine Arbeitskraft als Ware auf den Markt bringen muß, solange sein Lohn für diese Arbeitskraft nach den Gesichtspunkten von Angebot und Nachfrage ausgehandelt wird, solange wird sich grundsätzlich nichts ändern, trotz aller Gewerkschaftskämpfe. Der Arbeiter ist ja gezwungen, etwas zu verkaufen, was nicht Ware sein kann, nicht Ware sein darf.

Er ist gezwungen, denn er hat ja sonst nichts. Man muß die menschliche Arbeitskraft überhaupt ganz und gar aus dem Wirtschaftsleben herausnehmen und auf den Rechtsboden stellen. Dann werden diese absurden Einkommensdifferenzen weitgehend verschwinden.

Mich beschäftigt aber noch eine weitere Frage: In einer modernen Industriegesellschaft wie der unseren wird der größte Teil der Arbeitsleistungen – ich weiß nicht, das sind, glaube ich, an die neunzig Prozent – von Maschinen erbracht. Muß man da nicht die Lohn- und Einkommensfrage ganz neu überdenken? Was soll überhaupt bezahlt werden? Wenn früher ein Schuster ein Paar Schuhe mit eigenen Händen anfertigte, dann hat er dafür im Durchschnitt so viel bekommen, daß er mit seiner Familie leben konnte, bis er ein weiteres Paar Schuhe gemacht hat. Das war so ungefähr der Maßstab für die Preisbildung. Jetzt hat man aber Maschinen. Sagen wir mal, daß ein Schuster früher, als er noch keine Maschinen hatte, 60 Stunden arbeiten mußte, um ein paar Schuhe anzufertigen. In einer Schuhfabrik von heute leisten die Maschinen das Äquivalent von – sagen wir mal – 54 dieser 60 Stunden. Soll der Arbeiter jetzt für die 60 Stunden bezahlt werden, so als ob er die Schuhe noch eigenhändig gemacht hätte? Oder nur für die 6 Stunden, die er wirklich gearbeitet hat? Faktisch bekommt er heute die 6 Stunden bezahlt. Der Gewinn aus der Arbeitsleistung der Maschinen geht an den Kapitalgeber zurück. Der hat ja in die Maschinen investiert, er hat sie gekauft, sie sind sein Eigentum. Aber man muß sich doch einmal ganz grundsätzlich fragen, was da eigentlich arbeitet, wenn Maschinen arbeiten. Das ist ja ganz gewiß nicht die geistige Leistung des Kapitalgebers! In den Maschinen arbeitet doch das technologische Wissen der ganzen Menschheit – es ist unser aller gemeinsames Erbe und sollte auch allen gemeinsam zugute kommen. Der Nutzen dieses Erbes aber kommt durchaus nicht allen Menschen zugute, sondern nur dem Kapitalgeber. In Wahrheit haben wir aber alle den gleichen Anspruch darauf.

Eppler: Ja, nun...

Ende: Wenn ich das zu Ende denke, dann liegt doch der Schluß nahe, daß es nur gerecht wäre, das Einkommen jedes einzelnen nach seinen tatsächlichen Bedürfnissen zu bestimmen. Ich glaube, daß die Unterschiede in den realen Bedürfnissen der einzelnen Menschen nicht übermäßig groß sind, jedenfalls längst nicht so groß wie die Einkommensdifferenz heute. Ein gewisser Betrag, der jedem seinen Lebensunterhalt sichern würde, stünde ihm einfach zu. Die Menschen könnten sich dann frei entscheiden, ob sie darüber hinaus noch einer Arbeit nachgehen wollen. Ich weiß, das hört sich absurd an. Aber ich bin überzeugt, daß die meisten Menschen arbeiten würden – sie würden sogar gern arbeiten, freiwillig.

Eppler: Ja, das wäre denkbar, daß wir da hinkommen. Vielleicht haben wir diesen Punkt schon erreicht, ohne es zu merken.

Ende: Das doch wohl nicht! Außer, daß der Arbeitslohn bis zu einem gewissen Grad nach Bedürfnis und nicht nur nach Arbeitsleistung errechnet wird, ...

Eppler: Wir sind in einer Gesellschaft, in der niemand mehr verhungern muß, wenn er krank ist, oder wenn er arbeitslos ist. Man könnte sich sehr wohl vorstellen, daß eine Art Grundnetz da ist, das in jedem Fall trägt. Ich habe auch bei jungen Leuten das Gefühl, daß sie die Deckung der Grundbedürfnisse für eine bare Selbstverständlichkeit halten und dafür gar nicht zu arbeiten bereit sind. Wenn sie arbeiten, dann für etwas, was über die Deckung der Grundbedürfnisse hinausgeht.

Ende: Aus Interesse an der Sache etwa oder weil man etwas für notwendig hält.

Eppler: Natürlich auch...

Tächl: Früher arbeitete man eben für die Grundbedürfnisse Essen, Trinken, Kleidung, Dach über dem Kopf. Heute wird die Arbeit selbst zum Grundbedürfnis – und das kann nur eine sinnerfüllte Arbeit sein. Vielleicht kann man hier von seelischem und geistigem Hunger sprechen. Da spielt dann die Bezahlung auch eine andere Rolle.
Ich kann mir durchaus vorstellen, daß man mit einer geringeren Bezahlung in einem Beruf zufrieden ist, der einen ausfüllt und befriedigt, als wenn man für eine bessere Bezahlung eine unbefriedigende Tätigkeit in Kauf nehmen müßte.

Eppler: Faktisch ist es bei uns eben so, daß die Berufe, die Spaß machen, darüber hinaus auch noch ordentlich honoriert sind. Berufe, die wenig Spaß machen, sind zudem auch noch schlecht honoriert. Das ist nicht selbstverständlich.

Ende: Wir sind uns ja wohl einig darüber, daß es Fließbandarbeit und andere menschenunwürdige Arbeitskonditionen überhaupt nicht mehr geben sollte. Die würden eben einfach verschwinden müssen.

Eppler: Auf mittlere Sicht wäre dies nicht einmal unmöglich. Aber auch an diesem Punkt zeigt sich, daß wir uns in einer Situation befinden, in der wir Phantasie nötiger hätten denn je und in der Phantasie niedriger im Kurs steht denn je. Von daher kommt die Entdeckung *Phantásiens* mit der Erkenntnis gleich, wie unsere Welt verkümmert. Wenn *Phantásien* zugrunde geht, dann ist das etwas Elementares. Die Tatsache aber, daß so viele Leute die *unendliche Geschichte* lesen, zeigt doch, daß ein wachsender Teil unserer Gesellschaft das Verschwinden der Phantasie spürt. Dieser Bewußtseinswandel, von dem wir reden...

Ende: Er ist in vollem Gang!

Eppler: ...wird demnach nicht von einigen wenigen Leuten postuliert, sondern geschieht bereits. Für die Politiker müßte jetzt die entscheidende Frage sein, wie man der Realität dieses Bewußtseinswandels gerecht wird, und was daraus politisch zu machen ist. Das Eigentümliche ist, daß diese Frage heute noch abgeblockt wird und daß dieser Teil unserer Wirklichkeit in Regierungen und Parlamenten so gut wie gar nicht wahrgenommen wird. Von daher habe ich auch den Eindruck, daß viele Politiker in einer Welt leben, die es schon gar nicht mehr gibt.

Ende: Da hast du, weiß Gott, recht...

Eppler: Und das macht natürlich auch vieles von dem Gespenstischen aus, was wir heute oft empfinden, wenn wir ein Interview oder eine Parlamentsdebatte hören. Die Wirklichkeit der sechziger Jahre wird immer neu reflektiert und umgewendet, die Wirklichkeit der achtziger Jahre ist noch gar nicht im Blick.

Ende: Wenn du schon von diesem Thema redest, dann möchte ich dir jetzt eine Gretchenfrage stellen: Glaubst du, daß die Parteiendemokratie die einzig mögliche Form von Demokratie ist? Könntest du dir nicht vorstellen, daß es eine Form von Demokratie geben könnte, die viel besser geeignet wäre, lebendige gesellschaftliche Impulse, zum Beispiel solche wie etwa die Friedensbewegung, aufzufangen und sofort widerzuspiegeln? Unsere Parteienapparate sind so schwerfällig. Die Parteidisziplin verfälscht eigentlich jede Entscheidung, und dann die Experten hinter den Parteien, wie du sie vortrefflich in deinem Buch schilderst! Man weiß eigentlich nie, wer denn da schon längst entschieden hat, wenn etwas entschieden werden soll. Man muß einen Mann wählen, und indem man einen Mann oder eine Frau wählt, wählt man unendlich viel mit, was einem verborgen bleibt; man wählt auch alle die, die hinter der Partei stehen. Zu konkreten Entscheidungen kann man seine Stimme ja nicht mehr abgeben. Man hat irgendeinem Mann oder einer Partei sein Vertrauen gegeben und hat keinen Einfluß mehr darauf, was nachher daraus werden wird. Ich kann mir jedenfalls eine viel direktere Form von Demokratie vorstellen.

Eppler: Ich sehe das anders. Für mich liegt die Hauptschwierigkeit in der Administration. Auch wenn es keine Parteien mehr gäbe, bliebe immer noch die Administration. Dieser Apparat ist noch unbeweglicher als die Parteien. Die Frage ist, wer macht der Administration die Vorgaben, wer weist sie an? Das kann nur jemand, der sein Mandat direkt vom Volk erhalten hat. Die nächste Frage lautet, wie schafft man das, daß Leute ein Mandat direkt vom Volk erhalten, das sie berechtigt, der Administration Vorgaben zu machen und sie gelegentlich zu etwas zwingen, was sie gar nicht möchte? Wenn man die Frage so stellt, dann kommt man immer auf irgendein parteiähnliches Gebilde. Man könnte diese Gebilde wieder anders nennen, aber indem sie die Funktion haben, eine Mehrheit als Legitimation vom Bürger zu bekommen, würden sie sich wahrscheinlich wieder ähnlich verhalten wie Parteien. Denn ohne Konkurrenz ginge es nicht. Für mich geht der Weg dahin, daß die Parteien zunehmend ihr Monopol in der politischen Meinungsbildung verlieren, soweit dies je bestanden hat. Ein solches Monopol ist ja auch in der Verfassung nicht vorgesehen. Die Parteien müssen sich daran gewöhnen, daß es Formen politischer Willensbildung gibt, die entweder an ihnen vorbeigehen oder quer durch sie hindurchgehen, sich manchmal gar nicht um sie kümmern. Das halte ich für notwendig, und das verändert schließlich auch die Parteien. Aber ich kann mir eine repräsentative Demokratie – und bei sechzig Millionen wird Demokratie immer repräsentativ sein müssen, auch wenn es mehr Plebiszite gäbe – ohne so etwas wie Parteien nicht vorstellen. Manche Diskussion über die Parteien erinnert mich an die Diskussion darüber, ob Shakespeare eigentlich existiert oder ob es nur einen anderen Schauspieler namens Shakespeare gegeben habe. Es kommt letztlich aufs Gleiche raus.

Tächl: Ich glaube, wir kommen nur weiter, wenn wir jetzt näher darauf eingehen, was die Parteien verkehrt gemacht haben, ob wir überhaupt noch Parteien brauchen.

Eppler: So lange irgend jemand regieren muß, demokratisch, gestützt auf ein Mehrheitsvotum, wird es Parteien geben.
Selbst wenn der Staat viele Aufgaben delegieren würde, gäbe es immer jemand, der regieren müßte. Und der muß vom Volk legitimiert sein ...
Legitimation wird immer noch am besten durch Wahlen erteilt. Natürlich kann man auch nur eine Person wählen, wie etwa den Präsidenten in Frankreich, aber das macht für mich keinen großen Unterschied. Beim Regieren geht es auch um Macht – und wenn eine Regierung im Parlament nur fünf Stimmen Mehrheit hat, wird jede Abstimmung eine Machtfrage. Daß Politik mit Macht zu tun hat, werden wir nicht ändern.

Ende: Nein, in einer Parteiendemokratie sicher nicht! Ich befinde mich jetzt ganz persönlich in einem Dilemma. Ich bin ein alter SPD-Wähler, und nun will die SPD-FDP überall Atommeiler durchdrücken...

Eppler: Nicht überall!

Ende: Ich bin aus vielen Gründen dagegen. Die SPD-FDP ist aber der Meinung, ohne sie könnten wir das Wirtschaftsleben nicht am Laufen halten, und sie seien unabdingbar. Ich bin wirklich entschieden anderer Meinung. Ich kann aber aus anderen Gründen jetzt nicht plötzlich CDU wählen...

Eppler: Die übrigens in dieser Beziehung ein noch desolateres Bild bietet.

Ende: ... die dasselbe machen würde. Beide Seiten treten in diesem Fall gar nicht als Alternative auf. Hinter der positiven Einstellung zu dem Atommeiler steht ganz schlicht gesagt die Industrie, das Kapital, die Manager. Diese verfolgen aber ganz andere Interessen als die eigentlich ursprünglichen, politischen Interessen. Es handelt sich um reine Wirtschaftsinteressen, die wieder mal durch die Hintertür hereinkommen. Die Parteien werden in die von der Wirtschaft gewünschte Richtung gedrängt. Das ist mir klar. Aber das heißt mit anderen Worten, ich kann mich zu einer lebensentscheidenden Frage in unserem Land als Wähler überhaupt nicht äußern! Es wird doch über meinen Kopf weg regiert, und ich habe als Wähler überhaupt nichts mitzureden, selbst wenn ich mit gleichgesinnten Wählern in der Mehrheit wäre.

Eppler: Aber das ist nun wieder ein Phänomen des erwähnten Bewußtseinswandels. Ich glaube, daß in den 50er Jahren alle politisch wichtigen Fragen, die uns umtrieben, kontrovers im Deutschen Bundestag behandelt wurden, und zwar vor allem zwischen den beiden großen Parteien. Deshalb konnte sich fast die ganze Bevölkerung entweder mit der einen oder der anderen identifizieren. Heute haben wir Debatten im Bundestag, die einen großen Teil der Bevölkerung ausblenden. Wenn CDU, SPD und FDP über Atomkraftwerke oder Energiepolitik im Bundestag diskutieren, dann ist mehr als ein Drittel der Bevölkerung ausgeschlossen. Und wenn sie über Nachrüstung reden oder abstimmen, verhält es sich genauso. Das hängt damit zusammen, daß der Bewußtseinswandel an der Basis rascher vor sich geht als in den großen Apparaten. Er geht um so rascher vor sich, je weiter man von den Zentren politischer, ökonomischer, publizistischer Macht entfernt ist. Von daher stellt sich die Parteienfrage neu, das ist wahr. Was geschieht, wenn die Parteien auch alle zusammen nicht imstande sind, das widerzuspiegeln, was in der

Gesellschaft vor sich geht? Ich könnte mir vorstellen, daß in einer Zeit, in der dieser Bewußtseinswandel zu einem gewissen Abschluß gekommen ist, sich das wieder ändert, aber im Augenblick...

Ende: Bis dahin könnte aber wirklich schon vieles geschehen sein, was nicht wieder gutzumachen ist!

Eppler: Aber ich wüßte nicht, wie man das ändern soll, weil eben jeder Parteiapparat sein eigenes Schwergewicht hat. Die Grünen wollen im Grunde keine Partei sein. Irgendwo sind sie ein Widerspruch in sich selbst, und daher natürlich auch in ihrer Wirkungskraft begrenzt. Wahrscheinlich werden wir warten müssen, bis dieser Bewußtseinswandel mindestens in einer großen Volkspartei neue Mehrheiten geschaffen hat. Und ich selbst halte dies immer noch für den am wenigsten unerträglichen oder am wenigsten hoffnungslosen Weg.

Ende: Aber dieser Machtkampf der Parteien führt eben zu einem Erfolgszwang, der hinter jeder Partei steht, nicht? Man will um jeden Preis die nächste Wahlperiode überleben. Dieser Zwang führt dann zu Ergebnissen, die ganz außerhalb der Willensbildung und der Entscheidung des Wählers liegen. Man entscheidet einfach über seinen Kopf hinweg – gut paternalistisch!

Eppler: Das kann sein. Ich glaube, daß wir, wenn wir noch zwei Jahre älter sind, gelernt haben, daß man gerade dadurch Wahlen verlieren kann, daß man den Technokraten folgt. Es gibt heute schon keine sozialliberale Mehrheit ohne oder gegen die großen Bewegungen.

Tächl: Klingt aber sehr optimistisch...

Eppler: Ja, das könnte schon am Ende des Jahres 1982 für jeden sichtbar sein. Das Problem ist wirklich, daß von einem bestimmten technokratischen Denken aus, alles, was wir wollen, schlicht nicht begreiflich ist und als abseitig, spinnig und lächerlich erscheint.
Atommeiler haben auch keine ökonomische Begründung mehr. Es wird gar nicht mehr im Ernst behauptet, daß wir die brauchen, weil sonst die Lichter ausgehen. Wir haben fast fünfzig Prozent Überkapazität bei Kraftwerken. Aber das Eigentümliche ist, daß hier ein vollkommen neuer Denkansatz nötig wäre, und genau dies ist für die meisten Politiker unvorstellbar. Je stärker sich Bewußtsein und Wirklichkeit verändern, um so weiter entfernt sich die »classe politique« von dieser neuen Wirklichkeit. Manche Diskussionen kommen mir heute gespenstisch vor, weil sie für mich in einer Welt stattfinden, die es vielleicht vor fünfzehn Jahren gegeben hat.

Tächl: Die Politiker führen ein Leben, das an der Wirklichkeit vorbeigeht, erheben aber den Anspruch, mit Gesetzen diese Wirklichkeit zu reglementieren. Was entsteht denn bei mir für eine Vorstellung von Wirklichkeit, wenn ich von einem Zug in den anderen, von einem Flugzeug in das nächste steigen muß. Dann muß man Zeit- und Raumbegriff völlig anders erleben als das Gros der Bevölkerung. Wie soll man denn dann Gesetze für Bürger machen, die eine andere Lebensrealität haben?

Eppler: Es geht um das Verhältnis zwischen Bewußtsein und Wirklichkeit. Wenn aber das Bewußtsein der meisten Politiker eine Wirklichkeit widerspiegelt, die es nicht mehr gibt, dann entstehen natürlich in einer Gesellschaft Konflikte neuen Ausmaßes, so wie wir sie jetzt erleben.

Tächl: Sie entstehen auch dadurch, daß eine Partei ein großer schwerfälliger Apparat ist, der der allgemeinen öffentlichen Vorstellung von Wirklichkeit immer um einiges nachhängt. Indem nun neue Gedanken formuliert und durchdacht werden, schadet man der Partei nämlich nicht, sondern man nützt ihr. Das muß endlich erkannt werden.

Eppler: Aber wir dürfen nicht vergessen, der Begriff der Parteischädigung ist so alt wie die Partei selbst. Nur kommt es natürlich heute häufiger vor, daß es innerhalb der Parteien Konflikte gibt, die nach Schädigung aussehen. Zum Bewußtseinswandel gehört für mich auch, daß die meisten Konflikte nicht mehr entlang den bisherigen Trennungslinien verlaufen, also nicht mehr zwischen den Fraktionen der CDU und SPD im Parlament, sondern innerhalb der SPD oder innerhalb der FDP, manchmal auch innerhalb der CDU. Nicht mehr so sehr zwischen Gewerkschaften und Arbeitgebern, sondern häufig innerhalb der Gewerkschaften selbst. Nicht mehr zwischen evangelischer Kirche und katholischer Kirche, sondern innerhalb der beiden. Die Linien der Auseinandersetzung sind nicht mehr die klassischen, und das halten diese Großorganisationen nicht beliebig lang aus. Auch dies ist für mich eine Auswirkung des Bewußtseinswandels...

Tächl: Auf den sich aber wohl noch niemand einstellt, oder?

Eppler: Doch, langsam schon. Ich kann feststellen, daß es in meiner Partei zunehmend Leute gibt, auch ganz oben in der Hierarchie, die sich darauf einstellen, die damit rechnen und auch eine Antenne dafür haben. Aber sie sind noch nicht die Mehrheit.

Tächl: Aber wenn wir schon von Wirklichkeit sprechen, dann sollten auch diese üblichen Versuche, Feindbilder aufzubauen – innenpolitisch wie außenpolitisch – zur Sprache kommen. Feindbilder fallen in den Bereich einer Scheinrealität, die die jungen Leute durchschauen. Daher auch ihr Engagement in der Friedensbewegung, die sich gegen eine solche Scheinrealität ganz bewußt wehrt, indem sie die Bewaffnung auf beiden Lagern nicht mehr will. Man will den Feind weder in Amerika noch in Rußland suchen, sondern in jenem Denken, das eine Feindfigur nötig hat.

Eppler: Wobei wir gerade in der Friedensbewegung sehr aufpassen müssen, daß da nicht permanent neue Feindbilder produziert werden. Manchmal, wenn ich deprimiert bin, meine ich, die Summe aller Feindbilder bleibe immer gleich.

Tächl: Natürlich ist das eine Gefahr. Der alte Kain sitzt noch tief in uns allen. Aber grundsätzlich sollte man versuchen, auch dieses Problem einmal anzupacken... Sehr leicht kann das Fremde zum Feindbild werden. Was fremd ist, ist Feind. Leider gibt es heute dazu schon Ansätze genug!

Eppler: Ja, sicher, das war immer so. Man ängstigt sich vor dem, was man nicht kennt. Wir müssen Fremdheiten überwinden. Aber ich glaube, wir sollten für heute aufhören. Außerdem habe ich jetzt Lust, ein paar Schritte an der frischen Luft zu gehen. Wer Lust hat, folge mir...

Hoffmann: Und wenn du dann von deinem Spaziergang zurückkommst, Erhard, gibt es was zu essen. Also, ich habe Cannelloni, Tortellini, Spaghetti, Fleisch und Toast und...

Tächl: Aber wir haben doch schon zu Mittag so gut und reichlich gegessen! Ich habe jetzt wirklich kaum Hunger...

Ende: Ich würde sagen, du machst für jeden ein weiches Ei. Genau. Und weil ihr unbedingt wollt, komm ich eben ein Stück mit spazieren...

Langsam wird das Gespräch ausgeblendet.
In der Küche laufen die Vorbereitungen für das Abendessen, der Tisch wird gedeckt und der Wein geholt. Man bespricht noch kurz, wie der nächste Tag aussehen soll, dann wird von Rom gesprochen, von den Italienern, man hört italienische Musik und vergleicht deutsche und italienische Liedermacher. Schließlich liest Ingeborg Hoffmann noch eine kurze Geschichte ihres Mannes vor, die von einem abenteuerlichen römischen *Palazzo* handelt, dessen Ganglänge allein auf einer optischen Illusion beruht.

Samstagvormittag

der ganz anders verläuft, als man es am Abend zuvor geplant hat. An diesem Morgen sitzen Hanne Tächl, Ingeborg Hoffmann und Michael Ende an dem reich gedeckten Frühstückstisch. Erhard Eppler ist noch nicht erschienen, und man hat auch nicht die Absicht, das Gespräch ohne ihn fortzusetzen. Während man aber gemeinsam am Frühstückstisch sitzt, entwickelt sich ein Gespräch zwischen Hanne Tächl und Ingeborg Hoffmann über das Theater. Beide haben viel Erfahrung im Theaterbereich, da sie beide Schauspielerinnen sind. Michael Ende wird hellhörig. Es geht ja schließlich um Theater, eines seiner Lieblingsthemen. Erst später beschließt man, das Tonbandgerät einzuschalten und das Gespräch mitzuschneiden. Aus diesem Grund beginnen die Aufzeichnungen abrupt, mitten im Thema...

Hoffmann: ...niemand stellt mehr einen Anspruch, und im Grunde ist noch nie so unverbindlich Theater gespielt worden.

Ich möchte aber noch einmal auf das Heiltherapietheater zurückkommen: Solange die Menschen sterblich sind, ist Kunst unsterblich. Der Hintergrund aller Kunst, der Hintergrund aller Schönheit ist der Tod und die Vergänglichkeit. In Deutschland aber ist das alles kein Maßstab mehr, denn man hat ja den Tod aus dem gesellschaftlichen Leben ausgeklammert. Es gibt nur zwei Arten von Trost im Leben – Trost aber ist unentbehrlich, weil das menschliche Leben im Grund unerträglich ist. Es finden so viele Dinge statt, auf die der Mensch überhaupt keinen Einfluß hat und denen er sich fügen muß. Die eine Art von Trost also ist der elementare, kreatürliche, daß ich jemanden über den Kopf streiche, ihm aufmunternde Worte zuspreche und alles andere, was in diese Richtung geht. Die zweite Art von Trost aber besteht darin, die Dinge in der Kunst in einen ganz großen Zusammenhang zu stellen, in dem durch das Eigengewicht der auch kleinen menschlichen Angelegenheiten eine universale Ordnung hergestellt wird, die zugleich auch Schönheit ist.

Tächl: Ja, das ist auch eine Aufgabe der Kunst, das Unerträgliche, das nicht zu ändern ist, erträglicher zu machen; eine andere das, was zu ändern ist, als veränderbar darzustellen. Brecht fügt hinzu: »...und die Lust an der Veränderung zu lehren.«

Aber das scheint mir nicht genug. Du sprachst, Ingeborg, von der Unverbindlichkeit, mit der heute Theater gespielt wird. Das stimmt vielfach. Und das ist ein Punkt, an dem das *kontaktteater,* bei dem ich mitarbeite, ansetzt und fragt: »Was vermag Theater in Bezug auf dies ›veränderbare Unerträgliche‹?« Ist Theater nicht auch ein Mittel zur Verständigung, dessen sich Menschen, die nicht Theaterfachleute sind, bedienen können, wenn man es ihnen nutzbar an die Hand gibt? Also, Michael, deine bisherigen Andeutungen zum Theater, vor allem deine Vorstellungen von Kunst lassen mich vermuten, daß du mit vielem nicht ganz einverstanden sein wirst. Aber bitte höre mal zu. Für mich ist das alles wichtig, und ich glaube daran...

Es geht mir dabei um die Frage, ob das Theater nicht Forum sein kann, auf dem Vertreter kontrahierender Meinungen szenisch, in Bildern, argumentieren.
Im politischen Bereich gibt es immer wieder unterschiedliche Interessen und Vorstellungen bei Fragen des Gemeinwohls, für die Bürger und Verantwortliche aus Politik und Verwaltung gemeinsam Lösungen finden müssen.
In der Regel verständigt man sich durch das gesprochene oder geschriebene Wort. Aber gerade die Auseinandersetzung zwischen Andersdenkenden krankt oft daran, daß man nicht richtig zuhört, daß man sich in die Position des anderen nicht genügend hineinversetzt. Da kann Theater hilfreich sein, indem es die verschiedenen Argumente anschaubar und sinnlich erlebbar macht. Und das hat sich das *kontaktteater* zum Ziel gesetzt. Es möchte Forum, es möchte öffentliche Auseinandersetzung mit szenischen Mitteln sein.

Aber ich sollte jetzt einmal schildern, wie der praktische Weg dazu aussieht und wie überhaupt ein solcher Prozeß in Gang kommt. Das ist nämlich nicht immer einfach... Häufig ist es so, daß Betroffene eines Konflikts – Bürgergruppen, Politiker, Verwaltungsleute – mit der Bitte um Bearbeitung ihres Themas an das *kontaktteater* herantreten.

Optimal wäre es dann, wenn sie selbst ein Stück, eine Szenenfolge entwerfen und auch selbst darstellen würden. Das Angebot besteht jedenfalls; das *kontaktteater* leistet dann höchstens noch fachliche Hilfestellung. Aber das mindeste ist, daß im Gespräch die Meinung deutlich wird und Ideen zu ihrer Umsetzung entwickelt werden, die das *kontaktteater* verwirklicht. Das Ergebnis – Sketch, Szene oder Song – wird dann autorisiert.

Nun, ihr könnt euch vorstellen, daß man bei einem solchen Umsetzungsprozeß seine Ansicht schon ganz anders reflektiert, als wenn man nur über das Thema redet. Bei diesem Prozeß geschieht ein Stück Auseinandersetzung – auch dadurch, daß die Beteiligten akzeptieren müssen, daß am selben Abend, auf derselben Bühne auch der Kontrahent, die andere Meinung, der »Gegner« zu Wort und Bild kommt. Das ist Spielregel, ist Bedingung beim *kontaktteater*.

Selbstverständlich gibt es dabei auch Schwierigkeiten. Das könnt ihr euch ja denken. Vielleicht sollte ich euch auch darüber etwas sagen... Ein ablehnendes »*Was* – die machen da auch mit?« haben wir schon mal zu hören bekommen – aber an dieser Stelle machen wir keinen Kompromiß, auch wenn es manchmal schwerfällt, dem politischen Gegner »auf die Bühne zu verhelfen«. Es muß sich jeder darstellen können, dessen Meinung zum Thema relevant ist und der sich an die Spielregeln hält, denn wir wollen mit diesem Angebot der gleichberechtigten Beteiligten, der unterschiedlich Denkenden und Fühlenden versuchen, zum Abbau des Freund-Feind-Schemas beizutragen – phantasievoll und theatralisch. Das Erstaunliche ist nun, daß Politiker da schon mitgemacht haben und es noch tun. Wir sprechen sie an, mündlich oder schriftlich, vereinbaren die Termine, besprechen die Form, und so weiter. Also – die Bereitschaft ist durchaus da. Ich lese in euren Gesichtern schon die Frage ab, in welcher Form die Politiker da überhaupt mitmachen. Es ist auch schon vorgekommen, daß Politiker mal selbst eine Szene geschrieben haben, wenn auch nicht oft.
Meist artikulieren sich Vertreter der amtierenden Parteien in Rathaus und Landtag in Form eines szenischen Dialogs. Wir streben an, daß sich der Politiker oder Beamte auf der Bühne selbst vertritt, und das ist auch schon öfter gelungen. Daß das besondere Verbindlichkeit erzeugt, könnt ihr euch vielleicht vorstellen. Aber die Präsenz auf der Bühne hat – vor allem bei vielbeschäftigten Personen – natürlich ihre Grenzen, und da haben wir uns Präsentationsformen einfallen lassen, mit denen wir eine Persönlichkeit des öffentlichen Lebens visuell ersetzen können: durch Puppen zum Beispiel, lebensgroße Nachbildungen aus Schaumgummi, mit denen sich ein Schauspieler auf der Bühne *life* unterhält. Die Stimme des Politikers kommt dann im Originalton vom Tonband. Übrigens – so eine Puppe gibt's unter anderem vom Oberbürgermeister der Stadt Stuttgart, Manfred Rommel, der schon öfter beim *kontaktteater* mitgemacht hat und dem wir es wohl zu einem gut Teil verdanken, daß wir einen städtischen Zuschuß bekommen und diese Theaterform in Stuttgart erproben können. Jedenfalls ist es wichtig bei der ganzen Sache, daß das Publikum weiß: Die Aussagen des Politikers sind authentisch oder autorisiert. Man kann nach dem Spiel diese Person auf ihre Meinung hin

ansprechen, fragen, beim Wort nehmen. Und nach einer Aufführung ist Gelegenheit zum Gespräch oder zur Diskussion.

Natürlich muß da eine Menge theaterfremde Arbeit gemacht werden. Kontaktpflege, Korrespondenz, Organisation... Aber das ist wohl beim Theater immer so...

Dieser Teil ist sogar ziemlich umfangreich und sprengt den Rahmen einer ehrenamtlichen Tätigkeit, denn an sich arbeitet das *kontaktteater* ehrenamtlich. Zur Zeit macht eine hauptamtliche Kraft – ich selber – diesen Kontakt- und Organisationsteil, ohne den diese Theaterform gar nicht durchgeführt werden könnte.

Effektiver wäre es natürlich, wenn die hochsubventionierten Stadt- und Staatstheater eine Sparte *kontaktteater* einrichten und ca. zehn Prozent ihrer Kapazität dafür einsetzen würden. Ja, ich weiß, Michael, daß du dich gestern gegen die staatliche Subventionierung von Theater ausgesprochen hast. Aber ich meine, daß es hier um etwas anderes geht... Hier wird Kunst eigentlich dienstbar gemacht.

Es mag verwundern oder nicht, aber der Widerstand bei »normalen Theaterleuten« gegen eine solche Konzeption ist groß. Bei einer Befragung von über hundert Intendanten bundesdeutscher Theater lautete die Antwort unisono: »Das ist nicht Aufgabe des Theaters, was Sie da zum Ziel haben«. Oder ausweichender: »Das ist in unserem Hause nicht durchführbar«.

Ich finde aber, daß Theater gerade in der Politik ein sehr wirksames Mittel sein kann, eben da, wo man gemeinhin meint, da hätte es nichts zu suchen. Durch Phantasie und Beteiligung am darstellenden Spiel können wesentliche Anregungen für Lösungen politischer und sozialer Fragen entstehen. Das ist noch viel zu wenig erforscht. Was mich bei der *kontaktteater*-Form fasziniert, das ist, daß der Beteiligte Handelnder und Betrachtender zugleich ist. Er gestaltet sein Anliegen, von dem er unmittelbar betroffen ist, macht damit schon einen Bewußtseinsprozeß durch – und er schaut sich die Darstellungen der konträrierenden Auffassungen an...

Aber eines möchte ich noch einmal deutlich hervorheben, denn es handelt sich dabei um ein Mißverständnis, das oft entsteht, wenn ich von dem *kommunalen kontaktteater* erzähle. Habt also bitte noch Verständnis, wenn ich diesen Punkt von Anfang an klarstellen will. Wir dürfen das nicht mit Psychodrama oder mit improvisiertem Rollenspiel verwechseln, Formen, die therapeutischen Anspruch haben, den das *kontaktteater* nicht mitbringt. Wenn ein therapeutischer Effekt sich einstellt, dann ist er jedenfalls nicht ausdrücklich beabsichtigt. In unserer Arbeit am

Thema »Strafvollzug« hat es möglicherweise so etwas wie einen therapeutischen Nebeneffekt gegeben.

Thema war der »Beruf des Strafvollzugsbeamten«, und wir hatten Gesprächsgruppen mit Vollzugsbeamten und mit Gefangenen. Die Gefangenen mußten sich in die Haut derer versetzen, die sie als ihre Gegner empfinden: in die Schließer, die Wächter, die Beamten, die eigentlich Betreuer sein könnten – und oft auch sein möchten. Aber warum sind sie's nicht? Es war erstaunlich, was bei diesen Gesprächen herauskam darüber, wie man die Beamten sehen und sich ihnen gegenüber verhalten könnte, wie die Struktur dieses Berufes, die Struktur der Anstalt, die Grundsätze für den Strafvollzug in unserer Gesellschaft überhaupt von den Gefangenen gesehen wurde.

Nach diesen Gesprächen sind Szenen ausgearbeitet worden, und die Gefangenen haben schließlich ihr Verhalten und die Situation eines Beamten während einer Nachtschicht dargestellt. Was herauskam, war der Beamte als »Dackel vom Dienst«, der sich kümmern muß um »jeden Dreck«. Die Szene endet damit, daß der Beamte, dargestellt von einem ehemaligen Gefangenen, erschöpft und frustriert am Morgen seine Schlüssel – die Symbole seiner Macht beziehungsweise seiner Ohnmacht, auf den Tisch knallt. Der Titel des Stückes lautete übrigens »Schlüsselpositionen«.

Wißt ihr, was nach dieser Szene im Raum zu spüren war? Solidarität der »Gegner« füreinander. Und das im Theatersaal einer Vollzugsanstalt, wo die Aufführung stattfand.

Zu dieser Wirkung muß man noch den Gesamtzusammenhang des Stückes sehen, in dem diese Szene spielte. Es waren nämlich weitere »Schlüsselpositionen« im Stück beteiligt: die Anstaltsleitung, das Justizministerium – das als Person auftrat; Landtagspolitiker von CDU, SPD und FDP, dargestellt von *einem* Schauspieler, weil alle Parteienvertreter unisono gewichtige Worte, nicht aber Geld für die nötige Strafvollzugsreform hatten (Unterlagen dazu stammten aus dem Landtag), die »Dame Strafvollzugsreform, Resi Knast«, trat persönlich auf und geht dann weinend davon, als sie von dem Politiker statt der für ihre Reform erbetenen Summe nur zwanzig Mark bekommt, damit sie sich »erst mal frisieren lasse«; als Greis am Stock wankt das total veraltete Vollzugsgebäude auf die Bühne und sagt: »Ehe ich meine lieben Knackis auf die Straße setze, bleib' ich halt noch eine Weile am Leben«.
Die Öffentliche Meinung tritt auf mit Halbmaske und macht in einem Song klar, daß sie »sage, was ihr paßt – und ich halt' nicht viel, das wißt ihr, von Reform im Knast«.

Die anschließende spannungsreiche Diskussion dauerte ganze zwei Stunden, eine sensationelle Zeit, die ohne das vorangegangene Spiel, an dem Betroffene beteiligt waren, gar nicht möglich gewesen wäre.
Es ist klar, daß hier nicht ein im herkömmlichen Sinne »hohes Kunsttheaterspiel« stattgefunden hat, sondern das lebte von der Beteiligung, von dem Mut der Betroffenen, ihr Anliegen auf der Bühne vorzutragen, sich der Öffentlichkeit zu stellen, Kritik zuzulassen, sich auseinanderzusetzen. – Freilich, ganz ohne Beherrschung des Theaterhandwerks bringt man so etwas auch nicht auf die Beine und zur erwünschten Wirkung ...

Ich finde ja, daß wir im wahrsten Sinne des Wortes eine soziale Kunst brauchen! Ohne die kommen wir in unserer komplexen industriellen Gesellschaft nicht mehr aus. Der erste Akt künstlerischer Gestaltung besteht darin, soziale Schwachstellen zu erkennen und zum Gegenstand der künstlerischen Gestaltung zu machen.
Wir können das Interesse am anderen wieder lernen, indem wir künstlerisch gestalten, und dann nehmen wir auch die Spannung wieder wahr, unter der der andere steht, und vielleicht werden wir sogar wieder sensibler für die magischen Felder auf der Bühne ...
Jetzt habe ich aber lange geredet. Jetzt langt's! Aber ich glaube, es war einmal notwendig, daß ich euch meine eigene Vorstellung von Theater erkläre. Schließlich ist es mein Beruf – und so habt ihr auch gleichzeitig etwas von mir erfahren. Aber an euren Gesichtern merke ich, daß diese Auffassung vom Theater der euren womöglich widerspricht, oder? Michael, von dir hatte ich das Gefühl, daß du dich öfters zurückhalten mußtest ...

Ende: Ja ... liebe Hanne, es mag ja sein, daß das alles, was du uns da vom *kontaktteater* erzählt hast, seine diskussionsfördernde und aufklärende Wirkung hat. Für diese Kombination von Sozialem, Politischem und Künstlerischem müßte man eigentlich einen neuen Namen erfinden. Mit Kunst, so wie ich sie verstehe, hat das nichts zu tun. Sei mir nicht bös, aber offen gesagt, vom Künstlerischen her sträuben sich mir ganz einfach die Nackenhaare. Nichts gegen dich und deine Versuche ... Aber ich muß jetzt um der Klarheit willen etwas sagen, wovon ich glaube, daß wir da einer Meinung sein werden: Wenn ich gestern von einem sozialen Kulturleben gesprochen habe, dann meinte ich damit absolut nicht ein allgemeines Herumdilettieren sämtlicher Leute in allen möglichen Kunstformen. So habe ich es nicht gemeint.

Zu deinem *kontaktteater* hätte ich ja sehr viel zu sagen, und ich weiß im Moment gar nicht, wo ich beginnen soll ... Hier wird doch im Grunde wieder einmal die eigentliche künstlerische Frage umgangen, indem man die Theaterform unmittelbar zu pädagogischen, didaktischen oder politischen Zwecken mißbraucht. Ich halte dies Durcheinanderwerfen der ästhetisch-imaginären Ebene und der realen Ebene für ausgesprochen gefährlich. Ich glaube, ich muß einmal ganz grundsätzlich erklären, worin der Unterschied zwischen dem magischen Raum der Bühne und dem Bereich einer äußeren Realität besteht.

Wenn du auf der Straße siehst, daß auf dem gegenüberliegenden Trottoir eine Frau von einem Kerl überfallen wird und um Hilfe schreit, dann stehst du, ob du willst oder nicht, im gleichen Augenblick in irgendeiner moralischen Entscheidungssituation; du kannst hinlaufen und ihr helfen, du kannst so tun, als hättest du es nicht bemerkt, du kannst auch weglaufen. Du hast dich in jedem Fall in irgendeiner Weise moralisch entschieden. Wenn du aber auf der Bühne siehst, wie Othello die Desdemona erwürgt, dann stehst du in keiner moralischen Entscheidungssituation. Du weißt, daß es ein imaginärer, ein nur gespielter Vorgang auf der Bühne ist, dennoch ist dir der Vorgang ja nicht gleichgültig, du erlebst etwas – wenn die Aufführung gut ist, sogar sehr heftig, bis zur Erschütterung – du empfindest Angst oder Mitleid oder auf irgendeine Art genießt du diesen Mord sogar. Genau dieses Zurücktretenkönnen hinter alle Notwendigkeiten, in die wir sonst eingeschlossen sind, auch hinter die eigene Emotion, dieser Bereich des ästhetischen Spiels schafft ein Freiheitserlebnis ganz besonderer Art, das eben nur die Kunst bieten kann. Das ist es, was Schiller meint, wenn er sagt, das Theater sei eine moralische Anstalt[1]. Er meint damit ganz und gar nicht, das Theater solle Moral lehren, oder das Theaterstück solle moralische Inhalte vermitteln – das ist das alte Schulmeistermißverständnis – sondern dieses Freiheitserlebnis, das ich am ästhetischen Spiel habe, sei selbst die höchste moralische Qualität; darin würde dem Menschen seine Fähigkeit zur Freiheit überhaupt erst bewußt. Der Mensch steht nämlich nach Schiller zwischen zwei Bereichen, in denen er nicht frei ist, dem der Natur und dem des Geistes. Durch das ästhetische Spiel wird er überhaupt erst gewahr, was die Freiheit ist. Im Theater nimmt der Zuschauer für die Dauer der Aufführung – hier ist der *einzige* Ort, wo dies erlaubt ist und wo es auch richtig ist und so sein soll – den Standpunkt eines Gottes ein. Er schaut zu, wie Jago seine Intrigen spinnt, und er allein weiß, wie die Dinge in Wirklichkeit liegen. Er sieht, wie Othello in sein Unheil hineinrennt, er sieht die Tragödie sich vollziehen und weiß, es ist alles notwendig, denn Schicksal ist nicht mit moralischen Maßstäben zu messen. Hier geht es um eine andere Dimension. Der Böse ist nicht weniger berechtigt als der Gute, beide müssen sein. Wichtig ist, daß das Schicksalsspiel stattfindet. Das ist eine Erfahrung, die heilend, also therapeutisch auf die Seele wirkt, die lebensnotwendig ist, solange man

---

1 cf. Friedrich von Schiller, *Ästhetische Schriften*

sie dort läßt, wo sie hingehört, die aber lebensgefährlich, lebenzerstörend wird, wenn ich die Ebenen verwechsle; denn wenn ich diese Erfahrung ohne weiteres zur allgemeinen Lebenshaltung mache, dann komme ich in eine totale moralische Indifferenz hinein. Man kennt ja den Typus des eiskalten Ästheten, angefangen von Nero, der das brennende Rom besingt, bis zu Jean Genet, der das Verbrechen nicht nur verherrlicht, sondern auch real begeht. Hier liegt eine der abgründigsten Problematiken der Künstlernatur. Kierkegaard hat sie in seinem *Tagebuch eines Verführers* beschrieben. Ich will diesen Gedanken noch deutlicher zu machen versuchen.

Zur christlichen Erlösungsgeschichte gehört ja unabdingbar auch der Judas dazu und der Kriegsknecht, der den Christus ans Kreuz nagelte. Für den Künstler sind alle gleich wichtig, gleich notwendig. Wenn man selber aber in der Situation einer solchen Entscheidung steht, dann darf man nicht sagen: Da das Böse im Weltganzen ebenso berechtigt und notwendig ist wie das Gute, ist es ja egal, was ich tue. Das wäre ein verhängnisvoller Kurzschluß; was im historischen Rückblick und in der künstlerischen Konzeption gilt, gilt nicht in der individuellen Entscheidungssituation. Die Erfahrung der Menschheit, die Geschichte der Menschheit kann uns zeigen, daß alles notwendig war. Der Cesare Borgia war notwendig wie der Heilige Franziskus. Es wäre Unsinn zu sagen, Hitler hätte es besser nicht gegeben; es hat ihn eben gegeben, ob wir wollen oder nicht. Er ist Teil der Geschichte, der Menschheitserfahrung – wir müssen diese Erfahrung in unser Bewußtsein aufnehmen, um uns und unsere Situation zu begreifen. Eine moralisierende Geschichtsbetrachtung wird unwahr – ebenso wie eine moralisierende Kunstbetrachtung: *Richard III.* ist ein gutes Stück über einen bösen König. Die moralische Frage sitzt an einer völlig anderen Stelle als die rückblickende Betrachtung der Menschheitsgeschichte und die künstlerische Frage. Die moralische Frage gilt nur im »Hier und Jetzt« der individuellen Entscheidung des einzelnen Menschen. Kant hat mit seiner Verallgemeinerung des Moralischen, mit seinem »kategorischen Imperativ« eine enorme Verwirrung in die ganze Problematik hineingetragen. Die moralische Frage ist nicht gültig für die Vergangenheit, nicht für die imaginäre Ebene des Künstlerischen, aber auch nicht für die Zukunft. Es ist sinnlos, eine Utopie zu entwickeln, die das Böse ausklammert – die davon ausgeht, was wäre, wenn alle Menschen gut wären. Erstens wird das niemals der Fall sein, und zweitens kann man das Gute gar nicht verallgemeinern, ohne daß es sofort aufhört, gut zu sein. Jede Verallgemeinerung führt zur Unmoral. Was das jeweils Gute ist, das muß von jedem einzelnen Menschen und in jedem einzelnen Fall neu gefunden werden. Es ist ein schöpferischer Akt. Dazu braucht man moralische Phantasie. Als Mensch in meinem wirklichen Leben muß ich meinen Part spielen und moralische Entscheidungen treffen. Für die paar Stunden im Theater bin ich aber davon befreit, kann sogar hinter meine eigene Bedingtheit zurücktreten. Da bin ich frei und amoralisch wie ein griechischer Gott. Deshalb bin ich ein Gegner all dieser Tendenzen im heutigen Theater, die Grenze zwischen dem Spiel und der Realität zu verwischen, die Ebenen durcheinander zu werfen, etwa indem man den Zuschauer direkt einbezieht, um ihn stärker zu packen und so weiter. Das sind alles demagogische, indoktrinäre Methoden und absolut unkünstlerisch. Dadurch entsteht nur ein höchst unangenehmer Verwirrungseffekt – ich nenne ihn den »Panoptikumseffekt«. Denn der Schockeffekt des Wachsfigurenkabinetts beruht ja gerade auf dem Verwischen der Grenze zwischen dem Imaginären, Fiktiven und der Realität. Das ist immer unkünstlerisch. Es ist Lüge, denn Lüge ist ja nichts anderes als Fiktion, die sich nicht als solche zu erkennen gibt. Ich weiß, Hanne, das trifft auf das *kontaktteater* nicht zu. Aber ich muß jetzt grundsätzlich werden, denn ich halte diesen »Panoptikumseffekt« für gefährlich. Das ästhetische Spiel muß – um sich selbst wahr zu sein – seine besondere Beschaffenheit genau ausweisen; deshalb bin ich für die Rampe, den Rahmen, den Sockel und so weiter.

Mir liegt sehr viel an diesem Spielcharakter, aber darüber wird bei den heutigen Kunst- und Theatertheoretikern wenig nachgedacht. Ein Spiel ist etwas, das einen Anfang und einen Schluß hat und das nach gewissen Regeln abläuft. Deswegen bin ich der Meinung, wir müssen wieder eine verbindliche Dramaturgie entwickeln, denn Dramaturgie ist ja die Summe der Spielregeln, nach denen dieses Spiel vor sich geht. Diese Stücke, die keinen richtigen Anfang und keinen richtigen Schluß haben... na gut, ich kann schon verstehen, wie sie zustande kommen. Man sagt, in Wirklichkeit gäbe es ja auch keinen Anfang und Schluß, alles sei nach allen Seiten offen. Dahinter steckt diese blödsinnige Meinung der Naturalisten, Kunst sei dazu da, Abbildungen von der Wirklichkeit zu machen. Aber einmal davon abgesehen, daß das sowieso unmöglich ist – wozu überhaupt? Die Wirklichkeit gibt's ja schon und hundertmal wirklicher als jede Abbildung. Jede Kunst schafft ihre ganz eigene, autonome Wirklichkeit. Das richtige Theater ist immer ein Ritual, und ein Ritual hat einen deutlich erkennbaren Anfang und Schluß und verläuft nach angesagten Spielregeln.

Hoffmann: Brecht spricht ja allerdings auch von der Notwendigkeit, Abbildungen von der Wirklichkeit zu machen. Allerdings in einem anderen Sinn. Er stilisiert ja sehr stark in seinem »epischen Theater«. Durch den »Verfremdungseffekt« will er ja auf das aufmerksam machen, was an dieser Wirklichkeit veränderbar ist. Er macht eben Lehrtheater.

Ende: Ja, der Brecht war halt nicht nur ein genialer Poet, sondern gleichzeitig auch ein borniertes Schulmeister.

Hoffmann: Die sogenannte »Verfremdung« ist ja übrigens überhaupt nichts Neues. Es gibt sie in der *Comedia dell' Arte,* im asiatischen und auch im antiken Theater. Diese Funktion übernahm ja im Grunde der Chor. Er unterbricht die Handlung durch reflektierende Betrachtungen. Aber vielleicht könntest du das, was du mit den beiden Ebenen meinst, der imaginären und der realen, noch etwas deutlicher erklären, Michael?

Ende: Im Grund ist es die einfachste Sache der Welt. Das ist wie das Sandkuchenbacken bei Kindern. Wenn du mit einem kleinen Kind in einem Sandkasten spielst, und aus Sand kleine Küchlein bäckst, und das Kind dann aufforderst, eines davon zu probieren, dann wird es tun »als ob«. Es wird vielleicht am Geschmack etwas auszusetzen haben, und du mußt so tun, als ob du noch ein bißchen Salz oder Zucker drauf tust oder noch ein paar Rosinen in den Teig vermengst. Auf diese Weise bist du mit im Spiel. Das Kind kann es völlig ernst spielen, aber in dem Moment, in dem du den Sandkuchen in den Mund stecken würdest, würde es dich auslachen und sagen: »Das kann man doch nicht essen. Das ist doch Sand!« Und genauso ist es im Theater. Das Kind unterscheidet völlig mühelos diese zwei Ebenen. Aber der heutige Erwachsene, der völlig verlernt hat zu spielen und das Spiel deshalb nicht ernst nimmt, neigt dazu, die Ebenen zu verwechseln. Mit der imaginären Ebene hat der phantasielose Erwachsene die größten Probleme, die es für das Kind aber absolut nicht gibt. Das Kind kann mit einer solchen Totalität auf die imaginäre Ebene einsteigen, daß es die äußere Realität zeitweilig vergißt, aber es verwechselt die beiden Ebenen nie. Nur der Erwachsene meint, man müsse das Kind davor bewahren, die Ebenen zu verwechseln, weil er selbst die andere Wirklichkeit der Phantasie gar nicht mehr versteht.

Hoffmann: Mit dieser Unfähigkeit steht natürlich auch diese ganze Verschlimmbesserung der Märchen in einem engen Zusammenhang, die eine Zeitlang Mode war.

Ende: Ja, im Märchen vom *Machandelbaum* etwa heißt es: Als das Brüderchen sich in die Apfelkiste hineinbückte, schmiß die böse Stiefmutter den Deckel zu, und der Kopf des Buben rollte unter die roten Äpfel. Der Erwachsene, der total naturalistisch verbildet ist, denkt natürlich gleich an die durchschnittene Halsschlagader, die große Schweinerei, das Blutbad – eine grauenvolle Szene. Ein Kind denkt an so was überhaupt nicht: Es sieht genau das, was das Bild sagt, nämlich, daß der Kopf vom

Rumpf wie bei einer Puppe abgetrennt wird. Nicht mehr und nicht weniger meint das Bild. Es wird überhaupt nicht naturalistisch gedacht, sondern der Kopf wird auf der Vorstellungsebene vom Rumpf des Menschen getrennt. Erst, wenn der Erwachsene mit seinen Erklärungen kommt, verwirrt man dem Kind das Bild. Das Kind aber nimmt von Natur aus das Bild so auf, wie es im Märchen gemeint ist. Nehmen wir als weiteres Beispiel das Märchen vom *Froschkönig*. Es gab eine Zeit, in der viele »wohlmeinende« Pädagogen sich bemühten, die Volksmärchen keimfrei zu machen. Da gab es auch immer so Leute, die die Grausamkeiten eliminieren wollten. Ich erinnere mich an eine solche Bearbeitung, die hat aus dem *Froschkönig* durch eine winzige Änderung genau das Gegenteil gemacht. Der Frosch kommt doch immer hinter der Prinzessin her und sagt, sie hätte versprochen, ihn zu heiraten. Zum Schluß kommt er ihr bis ins Bett hinein nach, und da packt die Prinzessin ihn, schmeißt ihn gegen die Wand, und plötzlich steht der schöne Prinz da. Der Bearbeiter war wohl der Meinung, Kinder könnten dadurch auf die Idee kommen, Frösche an die Wand zu schmeißen, um mal zu sehen, ob da etwa ein Prinz herauskommt. Ein typischer Erwachsenengedanke! Kein Kind wird einen wirklichen Frosch mit diesem merkwürdigen kronetragenden Riesenfrosch verwechseln, der reden kann und einem den goldenen Ball aus einem tiefen Brunnen heraufholt. Das Kind, das hier die Ebenen verwechselt, wäre ein völlig von Erwachsenen versautes Kind. Der Schluß des Märchens wurde also geändert, um zu verhindern, daß Kinder Tierquälerei betreiben. Das neue Ende des Märchens sah so aus, daß der Frosch der Prinzessin ins Bett nachkommt, sie wendet sich erschrocken ab zur Wand und weint, und als sie sich wieder zurückdreht, steht der schöne Prinz vor ihr da. Damit ist natürlich das ganze Märchen im Eimer, denn das Entscheidende an dem Vorgang ist ja gerade, daß die Prinzessin die ganze Zeit vor dem Frosch weggelaufen ist; erst in dem Moment, wo sie zornig wird, ihn packt und gegen die Wand wirft, erlöst sie den Frosch. Der Frosch ist ja gerade jenes Unheimliche, Abstoßende, was aus dem Stoffwechselsystem, aus der Tiefe der Eingeweide ins Bewußtsein drängt. Die Prinzessin nimmt das Tier erst nach langem Sichwegern in die Hand, wenn auch im Akt der Aggression, aber *damit* erlöst sie den Prinzen. Man zerstört den Sinn des Märchens, wenn man für solche Bilder kein Verständnis hat und mit einem platten, äußerlichen Bewußtsein daran herumverbessert. Das ist das Furchtbare in unserem Jahrhundert, daß die Leute so total »verkopft« sind und die Ebenen nicht mehr auseinanderhalten können. Die menschliche Wirklichkeit besteht aus vielen Ebenen. Die Plattköpfe wollen das nicht wahrhaben, weil sie sich zur Not auf der untersten ein bißchen zurechtfinden.

Tächl: Ja, das ist eine Zeitkrankheit, daß Dinge, die einfach zum Menschen gehören, eliminiert, tabuisiert, verbannt werden – zum Beispiel die Aggression. Dabei gehört diese Regung zu den Dingen, mit denen wir leben müssen, sonst schaffen wir uns eine Scheinwirklichkeit, die letztlich Angst erzeugt, Erstickungsangst, weil wir spüren, da wird etwas verdrängt, das es aber trotzdem gibt. Daß wir den Tod aus dem gesellschaftlichen Leben ausgeklammert haben, sagtest du, Ingeborg, vorhin schon. Aber durch Verdrängung lassen sich Dinge wie Tod und Geburt nicht aus der Welt schaffen – und auch Aggressionen nicht. Also gibt es nur die Möglichkeit, sie ins Leben einzubeziehen – und siehe da: Es kommt oft etwas dabei heraus, was gar nicht so böse ist, wie wir es befürchtet haben.

Ende: Die Erlösung des Prinzen erfolgt durch den aggressiven Akt – und nicht um Aggression loszuwerden. Es gibt da eine Menge Mißverständnisse. Selbst bei Leuten wie Konrad Lorenz, wenn er in seinem Buch *Das sogenannte Böse*[1] das Böse einfach mit Aggressivität gleichsetzt. Viele Leute meinen ja, wenn in der Welt keine Aggressivität bestünde, dann wäre sie ein Paradies und alles wäre in Ordnung. Im Gegenteil, es wäre eine völlig lethargische Welt! Aggressivität ist eine Seelenfähigkeit und hat zunächst gar nichts mit gut und böse zu tun. Es kommt völlig darauf an, in welchem Zusammenhang sie auftritt. Es gibt ja auch so etwas wie den »heiligen Zorn«, nicht wahr?

Tächl: Ich möchte gern noch mal auf Brecht zurückkommen. Warum bist du eigentlich so gegen das Lehrtheater? Ist es denn nicht auch eine mögliche Form?

Ende: Es ist eben *Agit-Prop*-Theater. Das will es ja auch erklärtermaßen sein. Aber Agitation, Propaganda, jede Form von Indoktrination hat mit der eigentlichen künstlerischen Frage überhaupt nichts zu tun. In unserem »verkopften« Jahrhundert dressiert man ja schon die Schulkinder im Umgang mit Literatur zu der Frage: Was wollte der Dichter uns sagen? Man sucht immerfort nach einer »Aussage«, nach einer »Botschaft«, nach einer »Lehre«, die der Autor dem Leser oder dem Zuschauer erteilt. Wenn man die herausdestilliert hat, dann – meint man – habe man die Sache verstanden. Damit wird alle Poesie zu einer Verpackungsfrage degradiert. Der Dichter verpackt seine »Botschaft« in poetische Formen wie in ein hübsches Einwickelpapier, und der Leser oder Zuschauer muß es bloß wieder auswickeln. Diese ganze Unterscheidung in Form und Inhalt kommt aus einer ganz und gar unkünstlerischen, spießbürgerlichen Einstellung. In der Kunst und in der Poesie geht es um Schönheit. Um nichts anderes! Da gibt es keine Form, die vom Inhalt getrennt

---

[1] Konrad Lorenz, *Das sogenannte Böse, Zur Naturgeschichte der Aggression*, Wien 1924

werden könnte und umgekehrt. Da gibt es auch gar nichts zu »verstehen«, da gibt es etwas zu *erleben* im totalsten Sinne. Wir haben ja den Schönheitsbegriff seit langem aus der Kunstdebatte verbannt. Gerade dadurch haben wir eigentlich den ganzen Kunstbegriff verloren. Ein Kunstwerk ist immer eine Ganzheit aus Kopf, Herz und Sinnen und wendet sich auch an diese Ganzheit beim Zuschauer, beim Leser, beim Betrachter. Schönheit ist Ganzheit, und die ist uns total verlorengegangen! Unsere heutige Kunst wendet sich entweder an die Sinne, dann wendet sie sich nicht ans Herz oder an den Kopf, oder sie wendet sich an den Kopf, dann wendet sie sich schon gar nicht ans Herz oder an die Sinne. Die Ganzheitsvorstellung fehlt überhaupt in unserer Zivilisation – ich mag gar nicht von Kultur sprechen.

Hoffmann: Und fehlt eine solche Ganzheitsvorstellung, kann auch keine Lebensgebärde entstehen! Sie ist nämlich die grundlegende Voraussetzung dafür.

Tächl: Ja, das wäre so, wie wenn ich Schönheit als etwas Formales, als etwas Äußerliches betrachten würde, das ein für allemal festgelegt werden könnte.
Aber ein bestimmter Schönheitsbegriff kann ja nicht ewig gültig sein, da verändert sich doch ständig etwas. Schönheit ist, finde ich, etwas Dynamisches, das Kopf, Herz und Sinne anspricht – und wenn das geschieht, dann kann ich Schönheit erkennen und erleben.
Ein Kunstwerk kann ich überhaupt nicht von außen betrachten, sondern ich muß mich in seine Welt hineinziehen lassen, es muß mich auch hineinziehen...

Ende: Da hast du völlig recht. Schönheit ist etwas Dynamisches, Prozeßhaftes, das man nicht unbedingt festhalten kann. Wenn es Schönheit ein für alle Mal gäbe, dann könnte man ja einfach mit den Zeugnissen der vergangenen Kulturen weiterleben. Schönheit gibt es aber nicht ein für alle Mal. Sie muß ununterbrochen neu geschaffen werden. Ich möchte beinahe sagen, das Gleichgewichtsverhältnis dieser drei Komponenten zueinander – Kopf, Herz und Sinne – verschiebt sich ununterbrochen. In jedem Jahrhundert, ich möchte beinahe sagen, in jeder Generation ist es immer wieder anders.

Hoffmann: Ja, schon im Laufe eines Menschenlebens...

Ende: Ja, die Veränderung findet sogar in einem einzigen Leben statt. Die Ganzheit muß immerfort neu gefunden werden. Dieses Gleichgewicht kann man nicht haben und behalten. Man muß es immer wieder neu erringen. Es ist ein dauernder Schöpfungsprozeß... Wie im Tanz, nicht wahr? Tanzen heißt ja, ständig das Gleichgewicht verlieren, um es ständig neu zu gewinnen. Gehen, vorwärtsschreiten übrigens auch.

Die Diskussion zwischen Hanne Tächl und Michael Ende über ihre Vorstellungen von Theater zieht sich noch einige Zeit hin. Nach der langen und ausführlichen Erwiderung von Michael Ende hakt Hanne Tächl noch einmal ein, dann ist Michael Ende wieder an der Reihe, dann schiebt Ingeborg Hoffmann wieder eine Bemerkung ein... und so wird noch lange das Thema von allen Seiten eingekreist. Im Grunde aber enthält dieser Exkurs in die Theatertheorie genügend Stoff für ein weiteres Buch. Zwei gegensätzliche Meinungen zum Theater stehen sich hier gegenüber. Der abgedruckte Textausschnitt ist repräsentativ für diesen Gesprächsteil, denn mehr als eine Konfrontation der beiden Standpunkte ist an diesem Morgen gar nicht möglich. Als dann später Erhard Eppler erscheint, findet man einen Grund, um das Gespräch über das Theater abzubrechen.

Erhard Eppler hat die Ruhe gutgetan, und er macht jetzt einen ausgeruhten und erholten Eindruck. Er sei lange spazieren gewesen, erzählt er, und habe die Stille der Landschaft genossen. So ein Spaziergang zwischen Olivenbäumen und Weinbergen sei doch sehr wohltuend nach all der Hektik des politischen Alltags. Als er erfährt, worüber man sich an diesem Vormittag unterhalten hat, tut es ihm leid, daß er nicht anwesend war, denn dieses Thema hätte ihn sehr interessiert. Man berichtet ihm also ausführlich, worüber man geredet hat und welche die Positionen von Hanne Tächl und Michael Ende waren. Michael Ende meint augenzwinkernd, wenn er es noch genauer wissen wolle, dann könne er das alles wörtlich im Buch nachlesen.
Auf die Frage Erhard Epplers, über was für ein Thema man an diesem Tag sprechen wolle, antwortet Hanne

Tächl: Du hast einmal gefordert, daß auch Politiker manchmal mehr Gefühle zeigen sollen. Ich fände es schön und auch wichtig, wenn du selbst in wenigen Worten schilderst was du damit meinst.

Eppler: Ich weiß aber nicht, ob das hier dazugehört.

Hoffmann: Mich würde interessieren, was sich ein Politiker wünscht, wonach er sich sehnt, oder auch einfach, was ihm fehlt. Ich will ja auch nicht unbedingt eine lange Liste von all dem hören, was jetzt alles nicht geht. Wir haben ja schon festgestellt, daß das Leben eigentlich unerträglich ist, und nur der unmittelbare menschliche Trost oder aber die Kunst es erträglich macht. Ich finde es viel besser, wenn ich hören und erfahren würde, was man sich allgemein wünscht, was man liebt, was einem gefällt, was einem schmeckt, welche Dinge einem wohltun und welche einem die Laune verderben. Verstehst du?

Ende: Aber das kann man doch nicht so programmatisch fordern!

Hoffmann: Nein, nicht programmatisch. Aber ich kann mir vorstellen, daß in so einem Gespräch, das unter solchen Voraussetzungen geführt wird, neue Ideen geboren werden könnten.

Eppler: Die Frage ist eben, wie persönlich das Buch sein soll. Da bin ich ein wenig skeptisch. Ich meine, bei einem Schriftsteller ist es ja noch leichter möglich, sich persönlich zu äußern als bei einem Politiker.

Hoffmann: Ich halte es für ein Grundübel der Politik, daß künstliche Politikerpersönlichkeiten aufgebaut werden. Man merkt es auch im Bundestag immer wieder, wie sich jemand hinter einer Rolle versteckt, die ihm eine Werbeagentur aufgezäumt hat.

Eppler: Bei mir ist das ganz anders. Mir hat man ein Klischee aufgeklebt und mit dem muß ich leben...

Hoffmann: Warum?

Eppler: ...weil ich es nicht ändern kann. Da müßte über das Thema Macht geredet werden. Jeder Versuch nämlich, bewußt und willentlich aus dem Klischee auszubrechen, geht schief. Das ewige Ankämpfen gegen ein Bild, das einem aufgestülpt wird, macht einen kaputt und bringt einen überdies in eine reine Verteidigungsstellung. Mir gegenüber sind aber inzwischen die Vorurteilsstrukturen so stark geworden, daß meist nur noch das wahrgenommen wird, was in diese Vorurteilsstrukturen hineinpaßt.

Tächl: Du meinst wirklich, daß man diese Strukturen nicht durchbrechen kann?

Eppler: Nein, das ist nicht möglich.

Tächl: Wie entstehen denn diese Vorurteile? Durch den politischen Gegner oder durch die Medien?

Eppler: Teils, teils. Das ist eine Machtfrage.

Tächl: Inwiefern eine Machtfrage?

Eppler: Weil man die Person schwieriger erledigen kann als das Klischee. Mit dem Klischee wird man leichter fertig.

Hoffmann: Bedeutet das, daß Macht nur möglich ist mit Klischees?

Eppler: Nein, daß Macht sich auch in Klischees ausprägt. Was ich hier anspreche, bezieht sich nur auf einen kleinen Teil der Macht. Im baden-württembergischen Staatsministerium wurde ein Eppler-Klischee gemacht, und ich konnte sagen und tun was ich wollte, man hat darauf gar nicht reagiert, man sah in allem nur das Klischee bestätigt. Das war eine klare Weisung, und sie wurde konsequent befolgt.

Es war mir auch nicht möglich, in eine Sachdiskussion zu kommen, denn das wollte man nicht. Es sollte nur auf das Klischee eingeschlagen werden. Es war manchmal geradezu lächerlich. Wenn ich etwas sagte, dann folgte gleich irgendeine Beschimpfung, die in keinem Zusammenhang stand zu dem, was ich gesagt hatte. Das ist bei Teilen der Presse nicht anders. Man kann aus solchen Klischees nicht ausbrechen. Man kann mit ihnen nur leben. Wenn man dies einmal gelernt hat, besteht sogar die Chance, daß sie eines Tages nicht mehr haften bleiben.

Tächl: Diese Chance hat sich teilweise schon realisiert. Du hast einmal gesagt, Macht sei nur mit einer Gegenmacht zu bekämpfen. Ich sehe eine solche Gegenmacht bereits, und sie nimmt zu, je weniger Ämter du inne hast. Diese Gegenmacht reicht von der Friedensbewegung über die Alternativen bis hin zu Teilen deiner Partei. Das sind alles Menschen, die nicht nur deine politischen Aussagen, sondern auch dich als Mensch schätzen. Sie kommen zu den Veranstaltungen und sagen, der ist doch gar nicht so, wie immer behauptet wird. Dieser Quelle, die ständig dein Klischee reproduziert, wird zur Zeit entgegengewirkt, und das weißt du auch.

Eppler: Das stimmt, und es hängt vielleicht damit zusammen, daß ich gelernt habe, so zu leben, als gäbe es das Klischee nicht. Aber mir geht es vor allem darum, in welche geradezu selbstzerstörerische Verkrampfung man kommt, wenn man permanent versuchen wollte, sein eigenes Klischee zu widerlegen.

Hoffmann: Ja... da muß ich aber sagen, daß ich als Bürger eines Landes zutiefst beunruhigt bin, wenn ich erfahre, Macht könne sich nur auf Klischees stützen. Als Bürger habe ich dann kaum mehr ein Wort mitzusagen... Was auch geschieht, wenn das Klischee aufgestellt wird, dann kann und darf nichts anderes geschehen. Das ist eine erschreckende Vorstellung!

Eppler: Das geschieht nur, wenn man als nicht system-konform gilt, wenn man den entscheidenden Kräften als suspekt gilt. Das hat übrigens nichts damit zu tun, ob man der CDU oder der SPD angehört. Es ist nicht ratsam, denen im Wege zu stehen, die Macht, nicht nur Titel haben.

Hoffmann: Eine Ungeheuerlichkeit! Verstehst du unter der Wendung »im Wege stehen«, daß man der entscheidenden Macht gefährlich werden könnte? Wie geht das?

Eppler: Man steht eben denjenigen im Wege, die die wirkliche Macht haben. Und dann ist man gefährlich.

Hoffmann: Ich muß jetzt noch ganz dumm fragen: Was haben die eigentlich?

Eppler: Sie haben Macht, und das bedeutet auch vor allem, sie haben die Möglichkeit durchzusetzen, was ihnen nützt, und unschädlich zu machen, was ihnen schadet. Dabei haben diese Leute auch ihre Feindbilder, die mit der Wirklichkeit nicht unbedingt übereinstimmen. Die Bosse unserer Großindustrie, unserer Banken und die von ihnen abhängige Publizistik fürchten nicht nur um ihre Gewinne, sondern um – eben um ihre Macht, wenn es zu der Politik *selektiven Wachstums*[1] kommen sollte, für die ich stehe. Richtig ist, daß sie sich sehr umstellen müßten, daß sie nicht mehr alleine entscheiden könnten, was bei uns wachsen soll und was nicht, daß die Interessen der Großchemie zum Beispiel nicht mehr vor der Volksgesundheit rangieren würden, die Interessen der Atomindustrie nicht mehr vor der Sicherheit der Menschen. Und so weiter. Und so etwas kann doch nur im Kopf eines theoretisierenden Spinners mit gemeingefährlichen Neigungen entstanden sein. Also bin ich dies.

Tächl: Aber Macht hat doch immer auch mit Menschen zu tun.

Eppler: Ja, Menschen, die sie handhaben, die von ihr versucht werden, Menschen, gegen die sich Macht richtet. *Bastian* wird von der Macht versucht, er erliegt der Versuchung. Dabei geht es nicht um die Macht selbst, sondern um das Verhältnis dieses Menschen zur Macht. Das ist noch einmal ein Kapitel für sich.

Tächl: Ist Macht wirklich etwas Objektives, von menschlichen Haltungen Unabhängiges? Es sind doch Menschen, die Macht ausüben und mißbrauchen.

---

1 Die Gedanken zu einem *selektiven Wachstum* entwickelt Erhard Eppler in *Wege aus der Gefahr,* Reinbek 1981

Ende: Es gibt ja auch legitime Macht, oder? Zum Beispiel die der integren Persönlichkeiten, der überzeugenden Wahrheiten...

Eppler: Ich finde schon, daß es Macht als objektiven Tatbestand gibt. Es gibt die Macht eines Konzerns, eines Geheimdienstes, einer Großbank, eines Ministeriums. Wer in einem solchen Apparat sich den Gesetzen dieser Macht widersetzt, fliegt. Man holt sich einen anderen. Der Einzelne ist da auswechselbar.

Tächl: Das gilt dann auch für politische Positionen?

Eppler: Ja, der Bundeskanzler hat zum Beispiel weniger Macht, als man glaubt, und fürchtet sich vor der Macht anderer. Seine Regierungstätigkeit beruht darauf, daß er sich mit den Mächtigen, von denen ich sprach, nicht anlegt, etwa mit der chemischen oder der Atomindustrie, aber auch nicht mit den großen Gewerkschaften. Der Preis dafür ist allerdings, daß praktisch nur noch verwaltet werden kann.

Tächl: Gerade deswegen finde ich es jetzt so wichtig, sich Gedanken darüber zu machen, was hinter den Grenzen liegt. Sind nicht diese Gedanken schon die Grundlagen für Gegenmacht?
Damit fängt's doch an, daß erst einmal erkannt und ausgesprochen wird, wo die Mächte sind, wie sie sind und wie sie funktionieren. Darüber machen sich doch immer mehr Menschen Gedanken.
Ich kann mir vorstellen, daß man mit einer Auffassung wie Gandhi sie hatte, gegen die Macht angeht, mit *Satyagraha*.

Eppler: Ich fürchte, die Gegenmacht, die man da mobilisieren kann, kann auf die Dauer nicht in einer Verweigerung bestehen. Verweigerung schafft letztlich keine stabile Gegenmacht. Die entsteht, wo Menschen auf eine Zukunft zugehen, die sie selbst gemeinsam entworfen haben.

Hoffmann: Ich möchte noch einmal hervorheben, daß Gegenmacht ein gefährliches Wort ist.

Eppler: Ich sehe kein besseres.

Tächl: Ich möchte noch einmal auf Gandhi zurückkommen. *Satyagraha* ist »Macht und Wahrheit«. Das ist ein positives Ziel, *für* etwas.
Dies Positive machte Gandhi stark, sogar im Gefängnis – gerade dort war er eine Gegenmacht. Gestern haben wir doch von der Gefängnissituation gesprochen, die deswegen unerträglich ist, weil es an Perspektiven für die Zukunft fehlt, weil man buchstäblich festgesetzt ist.

Gandhi hat das aber nicht so empfunden. Für ihn war der Gefängnisaufenthalt Mittel zum Zweck, Teil seines Wirkens. Er hat die Zeit dort äußerst aktiv und produktiv verbracht. Das heißt für mich ganz eindeutig, daß diese Lebensgebärde dem Ziel entspricht, mit ihm übereinstimmt und deshalb auch erfolgversprechend ist – und damit Grundlage für eine Gegenmacht sein kann.

Hoffmann: Ich glaube, es wäre jetzt nützlich, wenn wir klären würden, worüber im Menschen Macht keine Macht hat, an welcher Stelle oder unter welchen Voraussetzungen der Mensch nicht käuflich ist. Wenn wir dies sorgfältig aufdecken, dann bin ich mir sicher, daß wir auf Dinge stoßen würden, gegen die auch die Mächtigen nichts ausrichten können. Ich habe während der letzten Jahre des Nazi-Regimes zusammen mit einem Freund öfters einmal überlegt, wie man Diktaturen beikommen könnte. Wir kamen eigentlich nur auf eine Lösung, aber leider ist sie nicht sofort umsetzbar, sondern muß von Kindesbeinen an gelernt werden: Angstlosigkeit. Und Angstlosigkeit ist genauso ansteckend wie Furcht!

Eppler: Ja, da haben wir offenbar ähnliche Erfahrungen gemacht, zu sehr verschiedenen Zeiten und unter sehr verschiedenen Umständen. Ein guter Teil der Macht, nicht die ganze, beruht auf der Angst, die andere davor haben. Und wo immer Menschen auftreten, die solche Angst abgeschüttelt haben, bricht ein Teil der Macht in sich zusammen. Daß Menschen sich nicht einschüchtern lassen durch die vielfältigen Mechanismen der Disziplinierung, der subtilen Bestechung – etwa durch eine Karriere –, der Verunglimpfung, ist in unserem System nicht vorgesehen. Wo es dennoch geschieht, kommt alles durcheinander. Darauf beruht die Wirkung der Friedensbewegung. Sie wäre Gegenmacht, auch wenn sie es nicht sein wollte.

Tächl: Also kommt es doch auf die Menschen an.

Eppler: Aber das ist nur der eine Teil der Wahrheit. Der andere Teil ist eben, daß Macht nicht nur auf Angst fußt. Es gibt Machtstrukturen. Wer über ein Zeitungsimperium gebietet, hat Macht, auch wenn viele diesen Zeitungen nicht glauben. Macht hat ein enormes Beharrungsvermögen. Sie kann sich gewissermaßen selbst überleben. Sie weicht nur anderer Macht. Gegenmacht. Es gibt keine Machtvakuen. Und Gegenmacht wächst häufig aus verändertem Bewußtsein.

Als die Winzer am Kaiserstuhl sich gegen das Atomkraftwerk Wyhl zusammenschlossen, waren sie plötzlich eine Macht. Als daraus eine oberrheinisch-alemannische Ökologiebewegung wurde, die Südbaden, das Elsaß und die Nordwestschweiz umfaßte, mußten alle diese Macht ernst nehmen.

Seit klar ist, daß es gegen die Ökologie und Friedensbewegung keine sozialliberale Mehrheit mehr gibt, hat sich das Machtgefüge der Bundesrepublik schlagartig verändert.

Das meine ich mit Gegenmacht aus neuem Bewußtsein. Vielleicht war das nie sehr viel anders. Neue Macht entsteht, wenn eine veränderte Wirklichkeit neu wahrgenommen wird.

Mein Problem ist, wie kann man all diesen verkrusteten Machtstrukturen beikommen, die nur noch an ihrer eigenen Erhaltung Interesse haben? Fast alle Großorganisationen sind heute überwiegend um ihrer selbst willen da. So muß Macht aber nicht unbedingt aussehen.

Hoffmann: Wenn das so ist, dann ist das doch ein Zeichen, daß sie im Sterben liegt, daß sie keine Lebenskraft mehr hat. Nur so kann sich jemand an etwas klammern, das gar nicht mehr lebendig ist.

Eppler: Für mich sind deine Bücher, Michael, deshalb so wichtig geworden, weil sie mir das Problem einer beschämenden Realität deutlich gemacht haben... einer verkürzten, beschämenden und leidenden Realität. Und ich sehe jetzt dieses Problem auch in wachsendem Maße als ein höchst politisches.

Helmut Schmidt ist ja formal einer der begabtesten Politiker, die Deutschland je hervorgebracht hat. Er hat einen geradezu raubtierhaften Instinkt, die Schwäche des anderen blitzschnell zu erkennen, eine starke intellektuelle Auffassungsgabe, eine ungeheuer schnelle Reaktionsfähigkeit, ein Wissen über relativ viele Bereiche. Die Tatsache, daß trotzdem alles danebengeht, ist für mich viel schlimmer als wenn ein Dilettant wie Helmut Kohl am Werke wäre. Der Grund für Schmidts Scheitern liegt darin, daß er in einer Wirklichkeit lebt, die es nicht mehr gibt.

Hoffmann: In einer deformierten Wirklichkeit, sagen wir mal.

Eppler: Es handelt sich eben um eine rein technokratisch konstruierte Wirklichkeit... Und wenn ich mich frage, ob ich selbst nicht auch einmal in einer solchen Wirklichkeit gelebt habe, in der man sich in Abstraktionen verrennt, dann würde ich dies sogar bejahen. Ich erinnere mich, daß ich als Entwicklungsminister geradezu die Manie hatte, endlich diesem

0,7%-Ziel der Entwicklungshilfe näherzukommen. Als ich dann gemerkt habe, daß ich das Ziel nicht erreiche, bin ich gegangen... Heute überlege ich mir ernsthaft, ob ich mich damals nicht allzu stark an einer Abstraktion statt an der Wirklichkeit orientiert habe. Das Phänomen, daß man sich an einer abstrakten Wachstumsrate oder an einem nicht mehr nachvollziehbaren Gleichgewichtsbegriff im Militärischen richtet, steht sicherlich auch mit diesem Verlust an Wirklichkeit in Zusammenhang. Die technokratische Wirklichkeit stellt zweifellos eine verkümmerte Wirklichkeit dar – schon von daher können selbst die intelligentesten Leute nichts mehr bewirken, sondern richten nur Unheil an. Gerade aus diesem Grund stellt sich für mich die Frage, wie man diesen Wirklichkeitsbegriff aufbrechen kann. Aufbrechen kann man ihn nur, indem Menschen eine Gegenmacht bilden, das ist schon richtig. Diese Gegenmacht muß aber auch etwas ausstrahlen, das in seinem Sein anders beschaffen ist als die Macht, der sie entgegenwirken soll.

Ende: Ich glaube auch, daß die Gegenmacht nicht alleine durch Politiker entstehen kann. Diese Aufgabe, die sich da stellt, ist unmöglich allein politisch lösbar. Die Lösung muß aus einer ganz anderen Ecke kommen. Viele Menschen müssen die neuen Lebenstatsachen, die neuen Lebensformen und Lebensweisen schaffen; das kann man nicht von bestehenden Institutionen erwarten. Im Gegenteil, es müßte sogar alles falsch laufen, wenn die Institutionen das übernehmen wollten.

Tächl: Ich sehe das alles schon ein. Wieder einmal lautet das Schlüsselwort dieses Gesprächs: Was finden wir jenseits der Grenze?

Man beschließt, das Gespräch für diesen Vormittag zu beenden und zum Essen zu gehen. Ingeborg Hoffmann macht den Vorschlag, ein Restaurant am Nemi-See aufzusuchen, das für seine gute Küche in der Gegend bekannt sei. Außerdem genieße man von dort einen herrlichen Blick. Alle stimmen diesem Vorschlag zu, und langsam bricht man auf.
An diesem Tag weht ein kalter Nordwind, den man *tramontana* nennt – dieser Wind bringt im Winter zwar kühle Temperaturen mit sich, dafür fegt er alle Wolken vom Himmel. Heute sieht man die Albaner Berge im Sonnenschein. Das von Ingeborg Hoffmann vorgeschlagene Restaurant hat tatsächlich einen wunderbaren Blick: Das Haus steht am Hang des Kratersees, der von den Einheimischen *specchio di Diana,* also »Spiegel der Diana« genannt wird. Tatsächlich gibt es auf dem tiefblauen See keine einzige Wellenbewegung zu sehen. Unten an dem schmalen Ufer soll früher einmal ein großer Tempel gestanden sein, der der Jagdgöttin *Diana* gewidmet war. Man erkennt von dem Lokal aus die Konturen. Michael Ende zeigt auch auf zwei größere Gebäude, in denen sich die Nachbildungen der zwei römischen Vergnügungsschiffe befinden, die von Kaiser

Caligula erbaut worden waren. Er habe sie auch noch nicht gesehen, da das Museum aus Restaurationsgründen schon länger geschlossen habe, als er in Genzano wohne. Das seien inzwischen auch schon zehn Jahre...
Auf dem gegenüberliegenden Kraterrand liegt Genzano und dahinter erstreckt sich die Ebene bis hinunter zum Meer – man erkennt es in der klaren *tramontana*-Luft deutlich. Alle sind von dieser Aussicht begeistert. Ingeborg Hoffmann versichert, daß Tage mit einer solchen Fernsicht eher selten sind. Sie meint, das sei ein gutes Omen für das Gespräch. Man erfährt noch mehr Geschichte und Geschichten aus der Gegend und freut sich über das gute italienische Essen.

Samstagnachmittag,

an dem Erhard Eppler, Michael Ende und Hanne Tächl Wege aus der Gefahr suchen und Farbtupfer jenseits der Grenzen malen.
Bevor das Gespräch begann, kam der Photograph Zoltan Nagy. Man hatte ihn gebeten, einige Photos von der Runde zu machen. Schließlich wolle man auch eine photographische Erinnerung an diese Tage haben, und außerdem könne man ja das eine oder andere Bild für das Buch verwenden. Zoltan Nagy knipst im Wohnzimmer, wo das Gespräch stattfindet, und dann bittet er alle, mit ihm einen Spaziergang durch den Garten zu machen. Nach dem obligatorischen *Espresso* wird dann das Gespräch fortgesetzt. Das Tonbandgerät wird eingeschaltet.

Ende: . . . eigentlich sollte jemand sagen, »Vorhang auf, es beginnt der vierte Akt«.

Tächl: Wie wär's denn mit dem Thema Emanzipation?

Eppler: Gerne.

Tächl: Ich möchte aber dabei nicht mit den Frauenbewegungen und den organisierten Formen beginnen, sondern mit den individuellen Ansätzen zur Emanzipation. Wie vollzieht sich da Emanzipation, wo man keine Schilder vor sich herträgt, und keine Medien zur Verfügung hat, bei denen, die keinen Zugang zu den offiziellen Frauenzeitschriften haben und den auch gar nicht haben wollen?
Ich meine die Frauen, die Emanzipation auch nicht nur als Frauenfrage sehen.

Ende: Ich glaube, es geht darum, zu verstehen, was hinter der Frauenbewegung an viel tieferen Beweggründen steht, als heute im allgemeinen zur Sprache kommt. Es gibt immer noch die Streitereien um juristische Fragen und dergleichen Dinge – es ist schlimm genug, daß diese Fragen heute immer noch nicht geklärt sind. Aber darin erschöpft sich Emanzipation ja nicht, sie geht viel weiter. Es geht im Grunde gar nicht nur um die Frauenemanzipation, sondern es ist eigentlich auch eine Männeremanzipation gefordert. Hinter diesen Bewegungen steht eine Suche, die weit über die Frage der gleichen Rechte für Frauen in einer zukünftigen Gesellschaft hinausgeht. Es handelt sich um die Frage nach einem neuen Menschenbild und nach neuen Werten, die das Zusammenleben der Menschen in Zukunft bestimmen sollen. Wenn die ganze Frauenbewegung nur darauf hinausläuft, daß wir – um es überspitzt zu sagen – anstelle von Bomberpiloten in Zukunft auch Bomberpilotinnen haben, dann ist überhaupt nichts gewonnen, sondern dann haben wir sogar etwas verloren, für beide Geschlechter. Wir müßten versuchen zu verstehen, was eigentlich an Umwertung aller Werte, à la Nietzsche ausgedrückt, dahintersteht. Das geht doch bis in die erotische Frage hinein – wie man ja deutlich an den Reaktionen mancher Männer bemerken kann – jedenfalls kommen emotionelle Werte in höchstem Maße ins Spiel. Und zwar von beiden Geschlechtern.

Tächl: Es geht also um ein Menschenbild, von dem aus es gelingen kann, die Eigenarten des Männlichen und des Weiblichen auszuleben.

Ende: Kann man eigentlich überhaupt sagen, was das spezifisch Weibliche im Gegensatz zum Männlichen ist? Ach, aber laß dich nicht auf diese Fangfrage ein... Das ist ja genau das, wohin man erst unterwegs ist.

Tächl: Vielleicht muß ich mich hier korrigieren oder zumindest präzisieren. Ich suche keineswegs ein Idealbild des Weiblichen oder Männlichen, sondern des menschlichen Umgangs miteinander, das sich dann in den Variationen des Männlichen und des Weiblichen ausprägt.
Laßt uns doch lieber beschreiben, wie bis heute die Vorstellung oder auch Idealvorstellung von Männlichkeit und Weiblichkeit ausgesehen hat, und dann können wir vielleicht entwerfen, wie wir uns das für die Zukunft vorstellen.

Ende: Ich habe beim Schreiben von Geschichten ständig damit zu tun – besonders bei Geschichten, die für junge Leute oder für Kinder bestimmt sind –, irgendwelche Verhaltensweisen zu schildern. Da gibt es nun Idealvorstellungen, die im Grunde, wenn man sie genau untersucht, alle mehr oder weniger auf Klischees zurückzuführen sind. Mut zum Beispiel gilt als männlich – obwohl ich in meinem Leben sehr viel mehr mutige Frauen als Männer kennengelernt habe. Anschmiegsamkeit gilt als weiblich. Das hängt ja natürlich weitgehend davon ab, was in den Augen des jeweiligen anderen Geschlechts für attraktiv gehalten wird. Das läßt sich nicht so leicht ändern. Was ein richtiger Mann ist, oder für Frauen als richtiger Mann gelten will, der muß danach streben, so und so zu sein. Umgekehrt gilt das für die Frau natürlich auch, und wer als richtige Frau gelten will, muß all die Attribute vorweisen können, die die Männer für spezifisch weiblich halten. Die Klischees kennt man, die brauche ich nicht aufzuzählen. Das ist ein Rollenspiel, das in erster Linie, wenn auch oft unbewußt, erotisch ist. Jeder möchte Erfolg beim anderen Geschlecht haben. Das finde ich auch völlig in Ordnung. Jeder versucht doch, das an sich hervorzuheben, was auf das andere Geschlecht anziehend wirkt. Im Lauf der Geschichte wechseln diese Normen allerdings öfters. Sie scheinen also nicht einfach naturhaft-instinktiv festgelegt. Wenn ihr meinetwegen das Rokoko nehmt oder auch die Romantik, in der die Männer sich ständig weinend in den Armen liegen, dann finden wir dort ein völlig anderes Männerbild als unser heutiges, das ja den »harten Typ« propagiert. Emanzipation ist nicht nur eine politische, rechtliche Angelegenheit, sondern sie geht bis tief ins Psychologische und eben auch in die gesamte Kulturfrage hinein. Man muß sich darüber im klaren sein, daß man, wenn man die Frauenfrage lösen will, bereit sein muß, die ganze bestehende Kultur zu ändern. Es ist nichts damit gewonnen, wenn die Frauen beweisen, daß sie genauso gute Männer sein können wie die Männer. Im Gegenteil, damit geben sie der Männergesellschaft ja indirekt gerade recht. Sie akzeptieren sie als Maßstab. Diese einseitige Männergesellschaft hat uns ja gerade ruiniert – auch und gerade die Männer selbst. Diese alten Vorstellungen funktionieren alle nicht mehr. Wir wollen auch das erotische Spiel auf diese Art nicht mehr spielen. Das alles paßt uns nicht mehr, wie ein Kostüm, aus dem wir herausgewachsen sind. Wir wissen aber andererseits noch nicht recht, wie es anders gehen soll, wir haben noch keine wirklich attraktiven neuen Spielregeln für die Zukunft. Mich interessiert diese Frage brennend, denn wenn es jemandem heute gelänge, eine Liebesgeschichte zu schreiben, die dieses zukünftige Verhalten einer Frau und eines Mannes zueinander in ihren neuen Rollen – auch im erotischen Sinne – schildert, dann wäre eine ähnliche Wirkung wie zu Zeiten von *Werthers Leiden* möglich, als sich plötzlich eine ganze Generation in diesem Buch erkannte und sagte: »Ja, so wie's hier beschrieben ist, so wollen wir sein«. Diese Identifikation ging bis in die Kleidung hinein – sogar bis in den Massenselbstmord, was vielleicht weniger erstrebenswert ist. Aber das Buch war kulturbildend, es hat gemeinsame Lebensformen geschaffen. Wenn es heute gelänge, ebenso das »Zauberwort« zu finden, dann wäre damit für die Emanzipationsfrage ein Riesenschritt vorwärts getan, abseits aller organisatorischen, juristischen und politischen Fragen. Dann wüßten wir plötzlich, wie wir uns als Männer und Frauen verstehen wollen, oder – um wieder auf mein Lieblingswort zurückzukommen –, mit welcher Lebensgebärde wir einander gegenübertreten wollen.

Tächl: Dazu hast du ja mit dem Stichwort »Sensibilität« etwas gesagt, Michael. Sich unabhängig zu machen von dem, was momentan als männlich und weiblich gilt, finde ich schon sehr wichtig. Mal ein Beispiel dazu, wie es nicht geht: Häufig finden Männer die Frauen besonders anziehend, die ihrer Vorstellung von Weiblichkeit entsprechen, und genau aus diesem Grund meinen sie, über diese Frauen verfügen zu können, weil Eigenschaften wie Anpassungsfähigkeit, Kompromißbereitschaft und so weiter eben als weiblich gelten – und es umgekehrt als besonders männlich, daß der Mann führt, Entscheidungen trifft, kämpferisch ist.

Ich finde, man sollte voneinander lernen, unabhängig davon, was als männlich oder weiblich gilt.

Um das zu illustrieren, will ich zwei einfache Beispiele aus dem Alltag herausgreifen, die aber wohl gut dafür stehen können, um was es geht. Einen Mann wird es sicher bereichern, wenn er mit ganz kleinen Kindern umgeht, sie auch pflegt. Und warum soll es einer Frau nicht einfallen, beispielsweise die Schreibtischlampe zu reparieren – eine Arbeit, die *er* sonst immer gemacht hat.

Ich glaube, auf beiden Seiten wird das Selbstbewußtsein stärker durch das Voneinanderlernen, und das Zusammenleben wird in allen Bereichen erleichtert:

Ein Mann, der weiß, wie man mit kleinen Kindern umgeht, wird der Frau den Zugang zum Beruf erleichtern, und eine Frau, die praktische Männerarbeit verrichten kann, wird dem Mann mehr Zeit für die Kinder ermöglichen.

Ende: Darf ich gleich noch etwas nachhaken. Es geht mir um die Frauen im politischen Leben – ein Thema, das meiner Ansicht nach von größter Wichtigkeit ist. Öffentliche politische Reden finden ja heute auf eine ganz bestimmte Art statt, da wird gebrüllt, gebellt, aufs Pult gehauen. Das ist mir zwar auch bei Männern nicht gerade angenehm, man hat sich halt daran gewöhnt, aber wenn Frauen auf dieselbe Art politische Reden halten, dann ist es mir mehr als unangenehm. Ich finde es peinlich. Vielleicht würde eine solche Rednerin mir jetzt sagen, daß das natürlich einen typisch maskulistischen Grund hat. Hoffentlich versteht ihr mich richtig... Das heißt ganz und gar nicht, daß ich dagegen bin, daß Frauen in der Öffentlichkeit sprechen. Aber warum müssen sie's auf die gleiche Art tun wie die Männer? Könnte man nicht lieber die Formen des politischen Lebens derartig ändern, daß die Frauen in der Öffentlichkeit Frauen bleiben können, ohne sich ebenso lächerlich benehmen zu müssen, wie sich die Männer bisher benommen haben? Warum sollten Frauen nicht auf Frauenart Politik machen? Müssen sie unbedingt die Formen übernehmen, die schon bei Männern peinlich genug sind? Ich hoffe, daß ich mit einem Ausdruck wie »Frauenart« nicht schon wieder eine Wertung hineinbringe, mit der ihr vielleicht gar nicht einverstanden seid.

Eppler: Ich glaube, wir haben bisher den gesellschaftlichen Aspekt ausgeblendet. Wir haben bisher immer von der einen Frau und dem einen Mann gesprochen...

Ende: Ich habe die Frage als Geschichtenerzähler gestellt...

Eppler: Das ist auch durchaus berechtigt.
Ich will jetzt aber einen anderen Aspekt einbringen. Horst Eberhard Richter hat darauf hingewiesen, daß unsere Kultur mehr denn je eine männliche Kultur ist, eine von Männern gemachte und auf bestimmte spezifische männliche Fähigkeiten abgestellte Kultur. Es ist übrigens nicht so, daß die Frau in unserer Geschichte gesellschaftlich immer so wenig zu sagen gehabt hätte wie etwa im 19. und 20. Jahrhundert. Das war selbst im Spätmittelalter wesentlich besser. Aber eine Gesellschaft, eine Wirtschaft, die überhaupt nicht läuft ohne ein Höchstmaß an Leistungsbereitschaft, an Abstraktionsfähigkeit, an Konkurrenzkampf, an Rationalität, an Intellektualität, man kann auch sagen an Rechenhaftigkeit, die wird natürlich auch einen Typus hervorbringen, der von diesen Eigenschaften geprägt wird. Daran hat sich auch Erziehung, vielleicht in den Familien noch mehr als in den Schulen, orientiert. Wenn ich es richtig sehe, dann sind die Bilder des Mannes, der hinaus muß ins feindliche Leben und der züchtigen Hausfrau, die drinnen waltet, deformierte Typenbilder. Ich habe übrigens vor kurzem gelesen, daß manche Leute sich über Schillers *Glocke* schon gründlich amüsiert haben, als sie gerade erst erschien. Die herkömmlichen Bilder von Mann und Frau sind deformierte Typen, und wahrscheinlich ist sogar der männliche Typ noch ein bißchen deformierter als der weibliche. Deshalb müßte die Fragestellung wahrscheinlich eher davon ausgehen, welche weniger deformierten Menschen, Frauen wie Männer, hinter der Grenze wachsen können. Das ist aber natürlich auch eine Frage an die Gesellschaft, in der sie wachsen. Man kann nicht die absolute Konkurrenz-, Leistungs- und Wachstumsgesellschaft postulieren und dann innerhalb dieser Gesellschaft fordern, daß das Verhältnis der Geschlechter zueinander wesentlich anders werden soll. Das Verhältnis zueinander ist nämlich auch eine Folge und ein Ausdruck der beiderseitigen Deformation. Wenn man in bestimmten Positionen dieser Gesellschaft ist, wird man dazu gezwungen, wenn man überleben will, sich in einer Weise zu verhalten, die dem, was Hanne Tächl Partnerschaft nennt, schlicht widerspricht. Insofern wäre unter anderem die Frage der gesellschaftlichen Arbeitszeit, der Arbeitszeit des einzelnen und der Verteilung innerhalb einer Partnerschaft mit diesem Thema verbunden. Der Mann nämlich, der möglicherweise seinen 12- oder 14-Stunden-Tag hat, wird sich natürlich, wenn er zu Hause ist, so benehmen, wie das mit Recht als unerträglich empfunden wird.

Ende: Natürlich kann man sich hier die Frage stellen, was zuerst da war, das Huhn oder das Ei, das heißt, ob die Lebensbedingungen eine bestimmte Männlichkeitsvorstellung geschaffen haben oder umgekehrt. Jedenfalls haben wir es mit Vorstellungen zu tun, die wir durch andere, uns gemäßere ersetzen wollen. Es handelt sich also darum, Vorbilder oder – ich möchte es bewußt so sagen – Wunschbilder zu finden oder zu erfinden. Die Anziehungskraft eines Wunschbildes, das viele gemeinsam haben, wäre wirksamer als alle Kritik am Bestehenden. Es wäre eine positive, kreative Kraft. Ein solches allgemein akzeptiertes Wunschbild würde mit großer Gewalt auch die äußeren Verhältnisse ändern, weil immer weniger Leute das alte Spiel noch spielen würden. Ich glaube, wir befinden uns heute in einer Situation, in der die äußeren Verhältnisse keinem Menschen mehr richtig passen, aber dennoch beibehalten werden, weil man nicht weiß, wie das andere aussehen soll. Man hat kein Bild von einer Alternative. Man probiert alles mögliche aus, ein bißchen aufs Geratewohl, um zu sehen, was geht und was nicht. Männer kümmern sich um die Babys und die Wäsche, die Frau geht in dem Beruf »hinaus ins feindliche Leben«. Ich glaube einfach nicht, daß ein ganz äußerlicher Rollentausch uns weiterbringt. Das Problem hat tiefere Wurzeln und muß tiefer angegangen werden. Man kann in das Neue nicht hinüberspringen, wenn man nicht weiß, in welche Richtung man springen soll.

Tächl: In einer Partnerschaft, die auf zwei Menschen beruht, erwartet man auch oft zuviel voneinander. Und vielleicht ist es dieser Erwartungsdruck, der den Sprung erschwert, von dem du, Michael, vorhin sprachst. Ich halte es für lebenswichtig in einer Partnerschaft, daß man auch andere Menschen an der Persönlichkeit des Partners mitwirken läßt, damit man sich nicht überfordert und den Entwicklungsspielraum des anderen nicht zu sehr einengt.

Eppler: Ich möchte noch mal auf die Frage von Ursache und Wirkung zurückkommen. Alle Umfragen weisen nach, daß zum Beispiel der Wunsch nach mehr freier Zeit inzwischen den Wunsch nach mehr Einkommen überwiegt. Es ist auch offenkundig, daß die Frage nach menschlicher Gemeinschaft immer mehr die materiellen Fragen überlagert. Die Bereitschaft von jungen Leuten, statt einer ganzen Stelle für den Mann und eine Haushaltsrolle für die Frau zwei Halbtagsarbeiten zu übernehmen, wächst. Insofern ist da etwas im Gang, an das man anknüpfen kann... Bei uns ist die flexible Arbeitszeit noch weit hinter dem zurück, was in der Schweiz längst üblich ist. Die Arbeitsverkürzung ist aber ausgerechnet mitten in der Arbeitslosigkeit tabuisiert worden. Aufgabe der Politiker, der Gewerkschaften und der Unternehmer ist es, Freiräume zu schaffen, während es offenkundig mehr die Aufgabe des Literaten und Künstlers ist, an den Bildern für das zu arbeiten, was diese Freiräume füllen könnte. Das Entscheidende wäre, daß sich da etwas wie eine gemeinsame Richtung zeigt, daß also Politiker sensibler werden für das, was an neuen Bildern entsteht und daß vielleicht doch auch Schriftsteller sensibler werden dafür, wie unendlich schwierig es ist, in der Gesellschaft Raum für solche neuen Bilder zu schaffen.

Ich sage nicht, daß wir Bilder in praktische Politik umsetzen, ich sage, daß wir Raum schaffen müssen für diese Bilder. Wir können menschliches Verhalten sowieso nie politisch programmieren.

Ende: Nein, das kann nicht die Aufgabe der Politik sein.

Eppler: Wo das versucht wird, geht es immer schrecklich aus. Wohl aber muß man in der Gesellschaft Räume schaffen, in denen sich etwas vollziehen kann. Ich kann zum Beispiel nicht auf die Dauer in einer total unsolidarischen Gesellschaft, wo Solidarität schon fast als Dummheit erscheint, permanent Solidarität predigen, auch nicht als Schriftsteller. Man muß sich dann die Frage stellen, was man denn an den Strukturen dieser Gesellschaft ändern muß, damit für Solidarität überhaupt Raum entsteht.

Ende: Nun, über meine Vorschläge, was an dieser Gesellschaft geändert werden muß, habe ich ja schon einiges gesagt. Mir ist zeit meines Lebens vorgeworfen worden, daß ich ein unpolitischer Autor sei. Für die Plattköpfe bedeutet unpolitische Literatur ja das gleiche wie Fluchtliteratur, *l'art pour l'art*, Eskapismus und so weiter. Jetzt neuerdings hat man gemerkt, daß an dieser Simplifikation irgendwas nicht stimmt, nachdem ein großer Teil der Leute, die nach Bonn[1] marschiert sind, die *Momo* oder die *unendliche Geschichte* unter dem Arm trugen. Jetzt beginnt das große Kopfzerbrechen. Herr Kuby[2] macht sich sogar deswegen die schlimmsten Sorgen um Deutschland. Eigentlich müßte er sich ja aus demselben Grund um viele Länder Sorgen machen, wo mit meinen Büchern ähnliches passiert. Man hat die letzten dreißig Jahre und auch schon vorher – ich meine jetzt vor der Nazizeit – angenommen, ein politischer Autor oder ein politischer Künstler sei ein Autor oder ein Künstler, in dessen Werk etwas Politisches vorkomme. Gegen diese Plattheit habe ich mich immer gewehrt. Es genügt ja, sich zu fragen, welche Bedeutung dann zum Beispiel das Bild *Die Sonnenblumen* von van Gogh hat, das einer solchen Auffassung von Kunst zufolge ein

---
1 Angesprochen wird die Friedensdemonstration am 10. Oktober 1981
2 Erich Kuby, »Deutsches Kultbuch für Flippies und Aussteiger«, in: *KONKRET*, Heft 9/81, S. 48 f.

»gesellschaftlich irrelevantes« Bild wäre. Außer Sonnenblumen ist ja nichts drauf. *Die Sonnenblumen* von van Gogh haben aber in Europa vermutlich mehr Bewußtsein geändert als alle Vietnamplakate miteinander. Es ist den Plattköpfen nicht klarzumachen, daß eine Änderung des allgemeinen Bewußtseins über ein Bild hervorgerufen werden kann. Van Gogh hat uns eine neue Art des Sehens gebracht, einen neuen Begriff von Schönheit und als Konsequenz dessen auch neue Bewußtseinsinhalte und neue Bewußtseinsformen. Die Kurzdenker denken eben zu kurz, um zu begreifen, daß das zwar nicht unmittelbar, aber mittelbar auch in neue politische Formen einmündet, in neue Formen des Zusammenlebens, in neue Formen dessen, was man menschlich und unmenschlich findet. Das Verhältnis zwischen Kultur und Politik wird von unseren Denk*webeln* so eigentümlich ruck-zuck gesehen. Entweder sie stoßen mit der Nase drauf, oder sie verlieren es völlig aus dem Auge, wenn zwischen diesen beiden Gebieten noch andere Regionen existieren. Ich bin der Meinung, *gerade* wenn Kunst und Literatur ihre politische Funktion erfüllen wollen, müssen sie von anderen Dingen sprechen als von unmittelbar politischen Inhalten. Kunst und Literatur müssen die Bewußtseinsformen und die Bewußtseinsinhalte schaffen, die sich dann über die Menschen auch politisch verwirklichen. Ich will damit nicht sagen, daß in Kunst und Literatur unbedingt nichts Politisches vorkommen darf. Das wäre wieder so eine Simplifikation. Viele Theaterstücke von Shakespeare handeln auch von Politik, oder Romane wie *Krieg und Frieden* oder Bilder von George Grosz. Aber Kunst oder Poesie ist das alles, weil etwas viel Allgemeineres im Mittelpunkt steht: Das Menschliche. Das ist ein Begriff, der leer bleibt, wenn er nicht ununterbrochen neu formuliert wird. Der Mensch muß sich ja seine Form selbst geben, er hat sie nicht ein für allemal wie das Tier. Das allgemeine Bewußtsein eines Volkes ist eben nicht von Natur aus gegeben, es ist vielmehr eine historische Entwicklungstatsache, eine Kulturtatsache. Sie wird von Menschen geschaffen. In den politischen Formen, in den politischen Bestrebungen schlägt sich dieses Bewußtsein nur nieder, dort gewinnt es gesellschaftliche Gestalt – aber dort entsteht es nicht. Wenn ich in einem Volk lebe, in dem Magier und Schamanen das Bewußtsein prägen, dann brauche ich natürlich einen Häuptling, der eine Zauberaura haben muß. Wenn ich in einer hierarchischen Bewußtseinslage lebe, dann brauche ich einen Repräsentanten dieser Hierarchie, einen König oder Kaiser von Gottes Gnaden. Oder – verzeiht mir – auch ein Zentralkomitee, einen Kreml, aus dem die obersten Eingeweihten ihre Orakelsprüche verlautbaren lassen. Die herkömmliche Demokratie setzt andere Vorstellungen vom Menschen, ein anderes Bewußtsein voraus. Wenn wir jetzt die »soziale Dreigliederung« wollen, von der ich gesprochen habe, dann setzt das wiederum andere Bewußtseinsformen und Bewußtseinsinhalte voraus, als die oben genannten; und das sind Impulse, die meiner Ansicht nach aus dem Kulturleben kommen müssen, das von den jeweiligen Schriftstellern, Künstlern, Musikern und Malern, von allen schöpferischen Menschen gestaltet wird. Wenn das, was dort als Vorstellung vom Menschen geschaffen wird, einem allgemeinen unbewußten Willen entspricht, dann wird es Lebensform, und dann setzt es sich auch durch eine Bewegung, die plötzlich im ganzen Volk vor sich geht, in politische Formen um. Nehmen Sie Rousseau und die Französische Revolution zum Beispiel...

Tächl: Rousseau hat ja durchaus politisch wirken wollen – aber daß seine Werke so konkret die Französische Revolution inspiriert haben, hat er wohl nicht gedacht.
Sicher spürt der Künstler eher und deutlicher als jeder andere, was sich an neuem Bewußtsein in den Menschen vorbereitet, und er setzt das mit seinen Mitteln um, oft vielleicht gar nicht in der Absicht, politisch zu wirken.
So gibt es sicher auch Künstler, die in dieser Weise zur Entstehung der Friedensbewegung beigetragen haben. Später wird man das womöglich einmal genauer nachweisen können, wie sich in diesen Bewegungen der frühen achtziger Jahre ein neues Verständnis von Kultur in Politik umgesetzt hat.
In der Friedensbewegung findet man sicher schon konkrete Spuren – und deine Bücher, Michael, zähle ich auch dazu.

Eppler: Auch wenn das alles stimmt: Es gibt natürlich auch so etwas wie apolitische Literatur. Ich glaube nicht, daß ich jeglicher Literatur eine direkte politische Wirkung zuordnen könnte.

Ende: Doch! Wenn sie starke Bewußtseinswirkungen ausübt, ganz gleich auf welchem Gebiet, dann schon. Es gibt nur gute und schlechte Literatur, und ich glaube, daß es keine Kunst oder Literatur gibt, die ohne politische Folgen bleibt – im guten wie im schlechten Sinn. Es gibt höchstens wesenlose Literatur, also solche, die überhaupt keine Bewußtseinsfrage stellt.

Eppler: Eine Literatur, die nur Idylle schafft und all das, was uns heute unter den Nägeln brennt, ausblendet, ist wohl kaum als politische Literatur zu bezeichnen.

Ende: Die wäre ganz einfach stinklangweilig und insofern auch völlig wirkungslos – in jeder Hinsicht.

Eppler: Sie hat höchstens insofern eine politische Wirkung, als sie in ihrem Endeffekt *strukturkonservativ* wirkt. Eine solche Art von Literatur hält die Menschen davon ab, über das nachzudenken, was in ihrer Gesellschaft geschieht. Worauf es mir ankäme, wäre eine Literatur, die den Bewußtseinswandel, den wir konstatiert haben, nicht nur vorantreibt und verstärkt, sondern auch klärt, ihm Gestalt verleiht und die Menschen, die in diesem Bewußtseinswandel begriffen sind, zum Verständnis ihrer selbst führt und sie dadurch auch handlungsfähiger macht. Das ist zweifellos in *Momo* und der *unendlichen Geschichte* der Fall gewesen, wahrscheinlich mehr als in manchen Produkten der modernen Literatur, die sich viel stärker an politische Themen anlehnen. Literatur kann Zukunft erschließen, aber sie kann auch Zukunft verbauen.

Ende: Ja, da gebe ich dir allerdings recht. Nur wäre ja auch das eine politische Wirkung. Wo eine Kraft ist, gibt's natürlich auch immer die Möglichkeit, diese Kraft zu mißbrauchen. Mir ging es darum, daß heute sehr oft diese Bereiche der Kultur und Politik einzeln und getrennt voneinander gesehen werden, als hätten sie überhaupt keinen Zusammenhang. Was wollen wir zum Beispiel mit der Musik machen? Da sie zu den »nichtinformativen« Künsten gehört – ist sie also schlechthin apolitisch? Ich sage nein, denn gerade die Musik schafft immer wieder neues Bewußtsein, neues Lebensgefühl, sie wirkt indirekt sogar sehr politisch. Es ist doch geradezu auffallend, daß alle streng hierarchischen Staatsformen, nicht nur die Diktaturen, geradezu Angst vor dem Jazz haben. Sie spüren eben, daß darin eine anarchische Lebensgebärde steckt, die ihnen durchaus gefährlich werden könnte. Dieser Zusammenhang zwischen Kulturformen und politischen Wirkungen ist mir sehr wichtig! Das ist kein selbstverständlicher Gedanke heute, das merke ich immer wieder in den öffentlichen Diskussionen. Ich bringe oft folgendes Beispiel, um meine Gedanken zu erklären: Es kann doch keine apolitischere Frage geben als die, ob während der Messe die Transsubstantiation nur einen symbolischen Akt darstellt, oder ob sie wirklich ein Verwandeln von Brot und Wein in Fleisch und Blut Christi sei. Eine rein religiöse Frage, nicht wahr? Und doch hat sich die europäische Menschheit über dieser Frage in einem 30jährigen Krieg zerfleischt. Diese apolitische Frage hatte höchst politische Auswirkungen. Es gibt überhaupt nichts, was kulturbildend wirkt, das nicht letztlich ins Politische einmündet. Nur geht es von dort nicht aus, sondern dort spiegelt es sich wider. Der politische Sektor ist das Kampffeld, auf dem die Ideen, die neuen Bewegungen, die neuen Lebensformen, die entstehen wollen, staatsbildende Gestalt annehmen. Ohne ein lebendiges und selbständiges Geistes- und Kulturleben, bliebe das politische Leben inhaltlos und steril. Die Politik ist angewiesen auf die Impulse aus dem Geistesleben.

Eppler: Wenn man davon ausgeht, daß Literatur auch eine gesellschaftskritische, politische Aufgabe hat, so kenne ich eigentlich kein Buch, dessen Gesellschaftskritik so tief ansetzt und, wenn man so will, so systemgefährdend ist wie die *Momo*. Die andere Frage ist, ob man dem Schriftsteller auch noch zumuten soll, daß er die Alternative mitliefert. Da scheint er mir überfordert zu sein. Wenn man eine Gesellschaft nicht darin kritisiert, daß die einen mehr und die anderen weniger haben, daß dies und jenes ungerecht ist, sondern darin, wie die Menschen mit ihrer Zeit umgehen und wie sie zulassen, daß ihnen permanent ihre Zeit gestohlen wird, daß es zum System gehört, daß sie gar nicht mehr leben, sondern Sklaven einer Zeitvorstellung sind, dann ist das natürlich Gesellschaftskritik von der härtesten Sorte. Möglicherweise ist solche Kritik nur erträglich, weil nicht unmittelbar von Politik die Rede ist. Bleibt die Frage, was kann eigentlich der Schriftsteller über eine solche schockierende Zeitdiagnose hinaus noch politisch bewirken? Wenn es gelänge, jetzt nicht politisch, sondern menschlich an einigen Stellen auszumalen, was hinter bestimmten Grenzen liegen könnte, dann wäre das sicherlich etwas Befreiendes.

Ende: Weißt du, Erhard, ich hatte beim Schreiben der *Momo* eigentlich gar nicht die Absicht, eine solche Gesellschaftskritik anzubringen. Die hat sich sozusagen ganz von allein ergeben. Das, was mich damals beschäftigte, war ein rein poetisches Problem. Das hängt mit meinem ganzen Kulturkonzept zusammen: Innenwelt in Außenwelt und Außenwelt in Innenwelt zu verwandeln, so daß das eine sich im anderen wiedererkennt. Nur dadurch kann der Mensch sich in seiner Welt zu Hause fühlen. Sonst bleibt er ein Fremdling in der Welt. Mir ging es also darum, die äußeren Bilder unserer heutigen Welt in Innenbilder zu verwandeln. Ich wollte eigentlich nichts anderes tun, als was der mittelalterliche Märchenerzähler auch getan hat: Der Wald, der König, die Hexe, der Wolf waren Bilder seiner realen Umwelt. Durch einen Akt poetischer Alchemie hat er sie in innere Bilder verwandelt, die Seelisch-Geistiges ausdrücken. Damit wird die Welt eigentlich erst wirklich erfahrbar. Innen und Außen fallen in eins zusammen. Die *chymische Hochzeit* findet statt: Der Prinz vermählt sich mit der Prinzessin. Bei diesem Vorgang offenbaren die Dinge sozusagen ganz von selbst ihren Wert oder Unwert. Ein Schwert beispielsweise läßt sich ohne weiteres in ein Innenbild verwandeln – aber versucht mal das gleiche mit einer Maschinenpistole zu machen! Ihr könnt den Erzengel Michael eben nicht mit einer Maschinenpistole ausstatten – obwohl sie ja ebenso eine Waffe ist wie das Schwert. Oder denkt an das Telefon – was für ein Innenbild gibt das? Wir leben im Grunde mit lauter Dingen, die wir zwar selbst geschaffen haben, für die es aber keine Entsprechung in unserem

Inneren gibt. Das heißt: Unsere Welt bleibt uns im Grunde völlig fremd. Solange das der Fall ist, wird es auch keine Kultur mehr geben. Das waren die Fragen, die mich beim Schreiben der *Momo* beschäftigt haben. Daß sich dabei ein so erschreckendes Bild unserer Welt ergeben hat, liegt einfach daran, daß ein solches poetisches Vorgehen die äußere Realität zwingt, ihr wahres Gesicht zu zeigen.

Tächl: Aber wichtige Impulse gibt's! Denk- und Empfindungsanstöße...

Eppler: Natürlich wird jeder Mensch, der die *Momo* mag, anders empfinden, anders handeln und sich dieser Gesellschaft gegenüber anders verhalten, als einer, der für die Übermenschen schwärmt, die er aus den Filmen kennt, oder *Jerry Cotton* liest. Angenommen aber, es würde nun ein Mädchen versuchen, wie die *Momo* zu leben, so würde das wahrscheinlich schlimm ausgehen. Insofern ist es eben doch vorerst einmal ein kritisches Bild unserer Zeit. Die lebbare Alternative, sozusagen außerhalb des Märchens, ist damit noch nicht gegeben.

Ende: Völlig richtig, aber das trifft auf alle literarischen Werke zu. Raskolnikow kann nur in einer Dostojewski-Welt existieren, Odysseus nur in der Odyssee oder Joseph K. nur in Kafkas Universum. Jede Kunstwelt ist autonom und nicht unmittelbar in Lebenswirklichkeit umzusetzen. Deswegen ist es auch gut, daß diese Geschichten zwischen zwei Buchdeckeln stattfinden. Der magische Bereich des Imaginären ist eben *Phantàsien*, in das man ab und zu reisen muß, um dort sehend zu werden. Dann kann man zurückkehren in die äußere Realität, mit verändertem Bewußtsein, und diese Realität verändern oder sie wenigstens neu sehen und erleben. Bastian kann ja nichts von allem, was er in Phantásien bekommen hat, mit über die Schwelle der beiden Reiche nehmen. Dafür sorgen die beiden Schlangen. Er kann nichts mitnehmen – außer sich selbst. Sogar das Wasser des Lebens verschüttet er, und dennoch kann er es dem Vater bringen, durch sich selbst. Er erlebt die Welt anders, weil er sich selbst anders erlebt hat. Natürlich, diese ersten zögernden Schritte, die er macht, sind im Vergleich zu den wunderbaren Abenteuern, die er in *Phantásien* erlebt hat, kümmerlich und winzig. Aber sie sind eben doch wesentlich...
Seine Flucht vor der Welt war notwendig, denn ohne sie wäre er nicht zum Erobern seiner Welt gekommen.

Tächl: Ich find's schon viel. Wollte man das, was in *Phantásien* geschehen ist, umsetzen, wäre es genug für ein ganzes Leben. Wichtig ist, daß die Perspektive sich verändert und erweitert hat. Dazu gehört auch die Erkenntnis, daß gescheiterte Versuche entscheidende Wendungen und

Wandlungen herbeiführen und insofern keineswegs nur Erfolglosigkeit bedeuten. Das zeigt sich doch in der *unendlichen Geschichte* ganz deutlich!

Bei der *Momo* mußte ich denken, daß in vielen Kindern etwas von dem Wesen der *Momo* steckt. Wenn wir versuchen wollten, das zu sehen und es nicht gleich zu ersticken – das wäre doch wertvoll, egal, wie weit wir damit kommen. Und anfangen könnten wir mit diesem Versuch sofort...

Ende: Ich möchte einen Satz von dir, der mir besonders wichtig ist, noch einmal dick unterstreichen. Du hast gesagt, auch der gescheiterte Versuch hat eine Wandlung herbeigeführt. Unter diesem Aspekt ließ sich der größte Teil der Menschheitsgeschichte subsummieren. Sie besteht ja zu 99,9 Prozent aus äußerlich gescheiterten Versuchen, die aber dennoch – oder gerade deshalb erst recht – weitergewirkt haben. Niemand wünscht sich natürlich, zu scheitern. Jeder wünscht sich, Erfolg zu haben, aber daß etwas äußerlich scheitert, sagt überhaupt nichts gegen die bleibende Wirkung und den Wert der Sache innerhalb des großen Ganzen der Menschheitsgeschichte aus.

Tächl: Ja, es muß ja nicht immer erfolglos sein.

Eppler: Was Hanne gesagt hat und was du, Michael, jetzt noch einmal unterstreichst, ist für mich persönlich vielleicht noch ein bißchen tröstlicher als für andere... Aber ich möchte doch noch eine Frage stellen, um ein paar Millimeter in ein Brett hineinzubohren, nämlich wie ist das bei *Momo*? Markiert sie die Grenze, oder deutet sie schon an, was hinter der Grenze ist?

Ende: Nun, wenn du mich so direkt und persönlich frägst: Sie deutet schon an, was hinter der Grenze ist. Damit meine ich vor allem den Teil der Geschichte, der beim *Meister Hora* spielt. Hier geht die Geschichte aus der zunächst äußeren alltäglichen Wirklichkeit in einen transzendenten, metaphysischen oder surrealen Bereich über. *Momo* erfährt am Stundenblumenteich ihr eigenes Menschsein auf eine ganz andere Art, sie erkennt sich als ein Kind des geistigen und physischen Kosmos. Der gesamte Kosmos wirkt zusammen, um ihr jede einzelne Stunde ihres Lebens zu geben. Dieses Erlebnis gibt ihr dann jenes Gefühl, »das größer ist als Angst«. Es ist nämlich einfach zu viel für die Fassungskraft unseres kleinen, individuellen Ichs, daß eigentlich der ganze Kosmos mitarbeitet, um uns jede einzelne Stunde des Lebens zu geben. In dieser Perspektive, meine ich, liegt schon ein Stück von dem, was sich als kommendes Bewußtsein jetzt in vielen Bewegungen abzeichnet, die sich heute artikulieren wollen. Man mag diese Bewegungen belächeln, man mag sie zum Teil grotesk finden. Ich nehme sie alle sehr ernst, weil ich überall dahinter ein ungeheures Verlangen sehe, den Menschen selbst anders zu sehen, als man ihn bisher gesehen hat. Der Mensch möchte sich wieder in einen ganz anderen, viel größeren Zusammenhang hineingestellt sehen, aus dem sich der unschätzbare Wert jedes einzelnen Menschen neu ergibt. Diese Frage nach einer neuen Wirklichkeit ist eben im Grunde eine religiöse Frage, eine Frage nach der Wirklichkeit einer ganz konkreten geistigen Welt, die mit der äußeren physischen Welt in einem erlebbaren und erfahrbaren Zusammenhang steht. Gerade in diesem Punkt haben unsere Kirchen die Menschen ja seit langem im Stich gelassen. Von ihrem ursprünglichen, mystischen Hintergrund reden unsere Kirchen – wenn überhaupt – nur ungern und mit verlegenem Lächeln. Aber diese neue Sehnsucht nach Spiritualität führt, wie ich glaube, zu einer Verlagerung der Schwergewichte. Es wird auf einmal nicht mehr wichtig sein, ob wir ein noch schnelleres Auto oder ob wir diesen oder jenen Satelliten haben werden. Das wird immer weniger Leute interessieren. Nach meiner persönlichen Überzeugung ist der Höhepunkt des Interesses an der technischen Entwicklung sogar längst schon überschritten. Wenn ihr euch mal vorstellt, wie ungeheuer die Wirkung war, als Lindbergh über den Atlantik flog: Die Menschheit war wie betrunken vor Zukunftsbegeisterung. Vergleicht damit die Reaktion, als die ersten Astronauten auf dem Mond landeten ... eine eher skeptische, fast widerwillige Bewunderung für die technische Leistung. So richtig froh war eigentlich niemand – außer den NASA-Leuten selbst.

Eppler: Das war immer noch eine Faszination!
Ich war sehr fasziniert, als ich den ersten Sputnik am Himmel sah, und ich fand auch die Mondlandung ausgesprochen faszinierend. Die Frage, was das alles soll, was das an unserem Leben ändert und was wir mit unserer Erde anstellen sollen, die ist wohl erst in den 70er Jahren deutlich gestellt worden. Auch wenn ich jetzt akzeptiere, daß die *Momo* schon über die Grenze hinausweist, tut sie das in Art einer dichterischen Utopie? Die Frage, die Hanne gestellt hat, nämlich wie kann man Bilder schaffen, an denen sich die Menschen orientieren können, zielt auf eine dichterische Utopie, die weniger Grenzen markiert als sie überschreitet.

Ende: Ja, ich verstehe, was du meinst, nur das kann ich noch nicht. Das würde ich gerne; ich arbeite eigentlich ständig daran. Bis hierher kann ich gehen, wenn ich redlich bleiben will, weiter aber komme ich noch nicht. Ich hoffe, daß ich in meinen zukünftigen Arbeiten vielleicht noch ein Stück weiterkommen werde auf diesem Weg. Man muß gerade auf diesem Gebiet sehr bedachtsam vorgehen, wißt ihr, man darf sich auch nicht vom guten Willen verführen lassen. Man darf sich nicht auf etwas einlassen, was man nicht kann. Sonst entsteht nur der übliche esoterische Kitsch. Dann ist es eben nur noch gut gemeint und – wie Liebermann richtig gesagt hat – Kunst ist das Gegenteil von gut gemeint.

Tächl: Da hat mal ein berühmter Politiker gesagt, das sei in der Politik auch so.

Eppler: Ja, was kann man redlicherweise über die Zukunft sagen? Der Begriff des Trampelpfades bedeutet ja, daß es die breiten Straßen dahin nicht mehr gibt, daß es auch die Straßen nicht mehr gibt, auf deren Richtungsanzeigern steht, dieser und jener Ort ist in 70 km Entfernung und jener in 180 km Entfernung zu erreichen. »Trampelpfad« bedeutet: In diese Richtung können wir uns vielleicht durchschlagen. Das ist natürlich sehr bescheiden. Mir geht es wie dir: Mehr als einen Trampelpfad kann ich vorerst nicht bieten, wenn ich redlich sein will, trotzdem habe ich das Gefühl, ich müßte eigentlich mehr bieten.

Ende: Ja, das kann ich gut verstehen. Das geht mir genauso.

Eppler: Ich muß in dieser Beziehung an Friedrich Naumann[1] denken. Ich glaube, ich habe sein Bild auch in meinem Buch erwähnt. Er sagt, Utopien sind wie Wolken. Sie sind nicht das, was wir von der Erde aus sehen, sie lösen sich wieder auf, aber wenn sie nicht regnen, dann verdorrt das Land. Die Wirklichkeit bedarf der Utopie, um nicht zu verdorren. Im Augenblick aber habe ich das Gefühl, daß sie aus Mangel an Utopie verdorrt, oder aber sie erstarrt im Angesicht einer negativen Utopie, einer Katastrophe. Im Grunde ist da noch keiner von uns drüber hinweggekommen.

Tächl: Ich bin der Meinung, daß wir Grund haben, wieder ein Fünkchen Hoffnung und Mut zu hegen. Die Tatsache nämlich, daß ihr beide auf euren Trampelpfaden Gefährten sucht, das ist etwas, was bisher kaum jemand vorweisen kann. Schon allein dies gibt Anlaß zu Hoffnung und Zuversicht, nicht?

Ende: Und obendrein haben wir ja überraschend viele Gefährten gefunden...

Eppler: Ja.

Ende: Das ist etwas, das ich mir nicht im geringsten zu erhoffen oder zu erträumen gewagt habe. Was mit meinen Büchern passiert ist, das habe ich nicht vorausgeahnt und erst recht nicht beabsichtigt. Wer hätte je gedacht, daß eine solche Bereitschaft für das vorliegt, was ich geschrieben habe.

---
1 Friedrich Naumann, *Freiheitskämpfe*, Berlin 1911

Tächl: Das gleiche gilt ja auch für dein Buch, Erhard. Nach der Landtagsniederlage in Baden-Württemberg wußte man ja eine Zeit nicht, wie es weitergehen sollte. Jetzt aber hast du eine Gefolgschaft, eine Anhängerschaft, die auf eine Auswirkung hindeutet, die alle Erwartungen übertrifft... Aber das bestätigt eigentlich den vorhergehenden Gedanken, daß eine Niederlage, die im Moment sicher schmerzhaft ist, im Grunde genommen keine sein muß, denn dir hat sie einen neuen und vielleicht sogar besseren Weg gezeigt, dein Anliegen zu verfolgen.

Kommen wir noch einmal auf die Utopien zurück. Ich weiß nicht, ob es unbedingt notwendig ist, die ganz große Universalutopie zu entwerfen. Mir scheint vor allem wichtig, daß wir das Gefühl des Aufbruchs und des Weges haben, auch wenn wir noch nicht genau sagen können, wohin es uns führen wird.

Eppler: Aber ich glaube, man sollte jetzt ein bißchen Wasser in unseren Wein gießen – und zwar mehr in meinen als in den von Michael. Du erlebst hauptsächlich die Zustimmung von Menschen, die mehr über ihr eigenes Ich erfahren und erkannt haben, als sie vielleicht vorher wußten, nachdem sie deine Bücher gelesen haben. Vielleicht spüren diese Menschen auch, daß deine Bücher diesen Bewußtseinswandel wohl nicht hervorbringen, aber gestalten. Ich dagegen spüre natürlich auch, welche ungeheuren Verhärtungen, Verkrampfungen, Verbitterungen und Aggressionen der Versuch, neue Trampelpfade zu suchen, bei denen hervorruft, die von diesem Bewußtseinswandel entweder noch nicht erfaßt sind oder sich ihm ganz bewußt sperren. Jeder solche Bewußtseinswandel schafft Reaktionäre im strengen Sinn, und zwar aus Leuten, die das vorher gar nicht waren und es auch gar nicht sein möchten, die nur schlicht die Welt nicht mehr verstehen und von daher wieder zurück möchten zu dem, was vor zehn oder zwanzig Jahren selbstverständlich war. Dieser Widerstand wird natürlich auch von Interessen gestützt. Die ganze Springer-Presse ist für mich ein Transmissions-Riemen, der ökonomische Interessen in reaktionäres Bewußtsein transportiert. Spürt man diesen Widerstand, dann fragt man sich natürlich, wo die Kräfte herkommen sollen, ihn zu überwinden, und da sucht man dann nach Hilfe. Ich könnte mir vorstellen, daß die konkrete, hoffnungsschaffende Utopie tatsächlich in der Dichtung eher zu schaffen ist als in der Politik.

Tächl: Das glaube ich auch. Vor allem fördert die Dichtung die Bereitschaft zur Veränderung, zur Verwandlung. Und sie kann das Bewußtsein dafür schärfen, daß wir unter Umständen nur mit Verwandlungsbereitschaft uns selbst und unseren Zielen treu bleiben können, indem wir Formen zulassen, die wir uns nicht vorgestellt hatten. Dazu möchte ich euch gern ein Zigeunermärchen erzählen von der Rose und der Nachtigall. Ich glaube, es paßt sehr gut zu diesem Thema. Mögt ihr's hören? Ja? Laßt mich aber einen Moment überlegen, ich möchte euch das Märchen nämlich so erzählen, wie ich es schon oft erzählt habe. Also...

In einem wunderschönen Land am Ufer eines kalten Meeres lebte ein junger Mann, der hieß Dainas. Er war gewachsen wie eine Kiefer, er hatte ein klares, offenes Gesicht und Haare wie Flachs. Jeder, der ihm begegnete, schaute ihn mit Freude an, ob Mann oder Frau, ob alt oder jung. Besonders aber die Dorfschönen konnten die Blicke kaum von ihm wenden. Nur eine schien ihn gar nicht zu sehen, und die hieß Skaistra. Sie war wie eine Birke gewachsen, hatte ein Gesicht wie Milch und Blut und ihr Haar war wie Gold. Wer sie traf, schaute ihr nach, ob Mann oder Frau, ob alt oder jung. Und die Dorfburschen dachten nur an sie. Sie alle träumten von Skaistra – aber nur einer liebte sie, mit Leib und Seele, mit allem, was er hatte. Das war Dainas. Er sagte, er würde sein Leben für Skaistra geben. Aber die lachte nur darüber. »Das sind Worte«, sagte sie, wenn er darüber sprach. Das schmerzte ihn sehr, und er bat seine Liebste, ihm zu sagen, was er tun solle, um ihr zu beweisen, daß es ihm ernst sei.
Da wies Skaistra auf den wilden Strom, an dessen Ufer sie standen und sagte: »Wenn du dein Leben für mich geben würdest, dann springe in den Fluß.« So machte sie sich über Dainas lustig. Der warf sich ohne Zögern ins wilde Wasser.
Aber die Götter wollten seinen Tod nicht. Er hatte kaum das Wasser berührt, da verwandelte er sich in einen kleinen Vogel. Seitdem war in den Sträuchern am Fluß eine Nachtigall zu hören, die sang Nacht für Nacht von ihrer Liebe. Und sie sang so lieblich, daß sie das Herz der stolzen Skaistra rührte. Das Mädchen wurde von einer unendlichen Sehnsucht erfaßt und lief allnächtlich ans Flußufer, um den Liedern der Nachtigall zu lauschen. Skaistras Sehnsucht wuchs dabei so sehr, daß es sie verzehrte; sie drohte vor Sehnsucht zu vertrocknen wie eine Blume. Und sie wäre an ihrer Liebe zur Nachtigall wohl gestorben – aber die Götter wollten ihren Tod nicht. Als die Nachtigall zu singen aufhörte, zum Ende des Frühlings, verwandelten sie Skaistra in eine hundertblättrige Rose. Seitdem singt die Nachtigall jeden Frühling der Rose von ihrer Liebe, und die Rose dankt es der Nachtigall mit dem Duft ihrer hundert Blüten. Und es fehlte nichts mehr an ihrem Glück.

Dieses »... aber die Götter wollten seinen Tod nicht« hat mich tief berührt. Wir haben eben nicht alles in der Hand; wir müssen Raum lassen für Mächte, die über uns hinausreichen, dann geschieht mehr, als wir uns vorstellen konnten. Allerdings müssen wir innerlich im Ziel bleiben, um in den Formen der Verwirklichung beweglich sein zu können.

Und vielleicht wird dann in unserem europäischen Denken sogar die chinesische Weisheit wirksam, daß Wasser härter ist als Stein...

Eppler: Schön... Ich will mich jetzt nicht an der Interpretation des Märchens versuchen. Lassen wir's einfach wirken. Aber wenn wir sagen, Wasser ist härter als Stein, dann setzen wir voraus, daß wir viel Zeit haben. Nur wenn wir viel Zeit haben, ist in der Tat das Wasser härter als der Stein. Mich treibt aber die Frage um, wieviel Zeit wir noch haben. Wenn wir unter Verhältnissen leben würden, die keine Atombombe kennt, in der nicht die Bäume, die Tannen und jetzt schon die Fichten im sauren Boden absterben, dann wäre das alles nicht so dramatisch. In einem solchen Fall könnte man die Auswirkungen dieses Bewußtseinswandels getrost abwarten. Die eigentlich dramatische Frage aber ist, ob er noch rechtzeitig kommt, noch rechtzeitig sich durchsetzt und was man tun kann, damit er sich gerade noch rechtzeitig durchsetzt.

Ende: Ich kann dazu nur folgende kleine Geschichte erzählen: Der Heilige Franz stand eines Tages in seinem Garten und säte gelbe Rüben. Da kam ein Wandersmann vorbei und fragte: Heiliger Franz, was würdest du denn tun, wenn du wüßtest, daß nächste Woche die Welt untergeht und du gar nicht mehr in den Genuß deiner gelben Rüben kommst? Da überlegte der Heilige Franz ein Weilchen, ehe er sagte: Weitersäen. Wißt ihr, an irgendeiner Stelle wird es sinnlos weiterzufragen. Es mag vielleicht naiv klingen, wenn ich sage, da setzt bei mir einfach eine Art Gottvertrauen ein. Man kann nur tun, was man eben kann. Ich weiß schon, da steht diese schwarze Mauer vor uns, diese scheinbar unüberwindliche schwarze Mauer. Alles scheint gegen die Hoffnung und für die völlige Entmutigung zu sprechen, die Atombombe, die Ost-West-Spannung, der Hunger in der Welt... Man kann aus tausend sehr vernünftigen Gründen sagen, es hat alles sowieso keinen Zweck. Viele meinen das ja auch und arrangieren sich eben irgendwie. Oder sie sagen, genießen wir halt unser Leben noch solange es dauert und dann gute Nacht. Aber seht ihr, Hoffnung hat man eigentlich immer »trotzdem« und nicht »weil«. Deshalb gehört sie ja zu den »übernatürlichen Tugenden«. Ich kann einfach nicht glauben, daß das, was wir jetzt erreicht haben, schon das Ende der Menschheitsgeschichte sein soll. Ich will das einfach nicht akzeptieren. Hier setzt bei mir – das muß ich jetzt vielleicht ganz offen bekennen – einfach die Überzeugung ein, daß wir Menschen nicht allein alles schaffen müssen, sondern daß es in der Welt auch noch andere Kräfte und Mächte gibt, die hilfreich eingreifen und die die notwendigen Konditionen schaffen. Ich habe das unter anderem mit der Gestalt des *Meister Hora* gemeint, und es wurde mir dementsprechend auch vorgeworfen. Das gibt es aber in der Welt, daß die rettenden

Bedingungen plötzlich geschaffen werden durch Schicksalsgunst. Ich will es so vorsichtig ausdrücken. Etwas wird möglich, was bis dahin unmöglich erschien. Man kann es eigentlich nicht fassen, daß es überhaupt möglich war, aber es geschieht doch. Das gibt es auch im Einzelleben. In meinem Leben ist es ein paarmal passiert, daß das, was eigentlich gar nicht hätte eintreten können, doch eingetreten ist. Dadurch wurde wie mit einem Schlag alles möglich, was ich für unmöglich gehalten hatte. Ich glaube, daß solche Ereignisse auch in der Geschichte der Menschheit eintreten können. Natürlich darf man damit nicht rechnen und einfach die Hände in den Schoß legen, aber man kann aus dieser Hoffnung heraus weiterarbeiten. Wir können nur das tun, was wir nach bestem Wissen und Gewissen für das jetzt Richtige halten. Wenn man wie ein Atlas den ganzen Globus auf seine Schultern nehmen will, bricht man zusammen. Das hält kein Mensch aus. Und damit ist auch niemand geholfen.

Eppler: Da hat ja offenbar Martin Luther von Franziskus etwas gelernt, wenn er von seinem Apfelbäumchen spricht, das er noch pflanzen würde. Da ich selbst so etwas wie ein Lutheraner bin, ist mir diese Haltung in der Tat nicht völlig fremd. Ich antworte häufig, wenn man mich fragt, ob wir noch genügend Zeit haben, daß ich es nicht weiß. Ich weiß nur, was ich jetzt tun muß. Ich weiß auch, daß wir nicht alles von uns selbst verlangen dürfen und verlangen sollen. Es wäre tatsächlich schlimm, wenn alles auf uns ankäme. Ich entsinne mich an eine Postkarte von Gustav Heinemann, die er mir im Jahre 1953 zukommen ließ, als ich eigentlich einen Bundestagswahlkampf vorbereiten sollte, aber mit einer Gehirnerschütterung im Krankenhaus lag, weil ich auf der NSU-Quick vor Übermüdung eingeschlafen war. Da stand drauf:»Gott sitzt im Regimente, auch wenn Sie im Krankenhaus liegen.« Dies ist mir alles klar, und es gehört auch zu meiner Biographie. Ich entsinne mich aber auch an ein Wort von John Kennedy, das zwar nicht sehr originell war, aber für einen Politiker immerhin beachtlich. Er sagte:»Wenn Gott in diese Welt hineinhandeln will, dann muß er durch Menschen handeln.« Und da kommen dann wirklich die ganz praktischen Fragen auf: Wie stark sollst du dich jetzt engagieren, etwa in der Friedensbewegung oder in der Ökologiebewegung, oder in der Sozialdemokratischen Partei? Sollst du das bis an den Rand deiner Kräfte tun, manchmal sogar darüber hinaus? Oder sollst du, mehr aus der Distanz heraus, diesen Bewußtseinswandel begleiten und vielleicht mitgestalten? Da wird's dann praktisch! Und wenn ich das Gefühl hätte, wir hätten noch einigermaßen Zeit, dann würde ich ganz sicher das letztere wählen. Aber wenn man wie Carl-Friedrich von Weizsäcker annimmt, daß die 80er Jahre die gefährlichsten seit dem 2. Weltkrieg sein werden und daß der Ausbruch eines großen Atomkriegs eher wahrscheinlich als unwahrscheinlich sei, dann wird es eben schwierig, das gelassene Abwarten zu praktizieren, das mir eigentlich näherläge. Die Frage, was hinter der Grenze kommt, ist deshalb so wichtig, weil man sonst über die Grenze nicht wegkommt. Wahrscheinlich muß man in manchen Bereichen rasch über die Grenze, so zum Beispiel über die Grenze eines Sicherheitskonzeptes, das nur mit dem kollektiven Selbstmord droht. Da kann man nicht sagen, das machen wir notfalls im Jahre 2030.

Ende: Ich glaube, daß man sorgfältig unterscheiden muß zwischen dem, was in Wirklichkeit vor sich geht und dem offiziellen, hauptsächlich durch den Journalismus genährten Bild unserer Welt. Ich habe den Eindruck, daß sich unter der Schneedecke ungemein vieles vorbereitet. Wenn ich mit einzelnen Menschen rede, und zwar Menschen aller Altersstufen und aller sozialen Schichten, dann bin ich immer wieder überrascht, was für intensive Bewußtseinsveränderungen und Grenzüberschreitungen schon längst stattgefunden haben. Da ist schon viel mehr geschehen, als das, was in der »öffentlichen Meinung« sichtbar ist. Es liegt nur noch unter der Schneedecke einer offiziellen Meinungsmache verborgen, die aber im Grunde schon längst irreal ist.

Tächl: Dazu gehört auch das Erschrecken in Deutschland an jenem 10. Oktober 1981, als die große Friedensdemonstration in Bonn stattfand. Man hat ja eine solche Menge einfach nicht erwartet. An solchen Ereignissen läßt sich sehr gut feststellen, was bereits unter der Schneedecke gelegen hat. Wenn dann der Schnee einmal vollends aufgetaut ist, dann...

Ende: Das kann ganz plötzlich geschehen. Ich halte es für absolut möglich. Wenn man – das ist eigentlich mein Wunschtraum – das berühmte »Zauberwort« finden könnte, mit dem »die Welt zu klingen anhebt«, das heißt, wenn es jetzt gelänge, das beim Namen zu nennen, was sich da vorbereitet, dann kann man in sehr kurzer Zeit die gesamte Situation, und nicht nur die in der Bundesrepublik, in etwas ganz Neues und etwas ganz anderes wenden. Die Dinge gehen nicht immer in diesem langsamen Entwicklungstempo: Was sich lange vorbereitet, kommt manchmal sehr plötzlich ans Licht. Dann ist etwas Neues da, und alle müssen es zur Kenntnis nehmen. Auch die, die damit nicht gerechnet haben. Natürlich, die bange Frage, die sich mir genauso stellt, wie dir, ist, wie lange bereitet sich diese Geburt denn noch vor...? Es sind regelrechte Geburtswehen, in denen die Menschheit heute liegt. Und die scheinen einem ja wohl immer unerträglich lang zu dauern.

Eppler: Man muß auch berücksichtigen, daß ein Buch wie die *Momo* viel leichter durchdringt als ein Buch wie das meine. Ich möchte aber daran erinnern, wie alle Institutionen – ob das jetzt der größere Teil unserer Presse, der öffentlich-rechtlichen Rundfunkanstalten, der Parteien, der Gewerkschaften, der Unternehmer-Verbände, der Ministerien ist – nach dem 10. Oktober zum Sammeln geblasen haben und mit all der Macht, die sie haben, ihre Gegenstrategien entwickeln. Diese Institutionen haben eben organisierte Macht im Gegensatz zur Friedensbewegung, und sie können Tag für Tag über die Medien versuchen, Bewußtsein zu bilden. Wenn ich mir all dies überlege, dann ist es zwar nicht falsch, daß Veränderungen in Sprüngen geschehen, aber man muß hinzufügen, daß, wenn wir drei Schritte vorgehen, dann tatsächlich die Gegenseite wieder einen oder zwei Schritte gewinnt. Ein Bewußtseinswandel, der sich nicht irgendwann auch in Strukturveränderungen bei den großen Institutionen niederschlägt, der dies nicht erzwingt, wird wahrscheinlich zu spät kommen und wird sich letztlich nicht durchsetzen. Es kommt der Punkt, an dem Bewußtseinswandel in neue Strukturen umgesetzt werden muß.

Ende: Die Probleme, die sozialen, die wissenschaftlichen, die kulturellen, die entstanden sind aus dem bisherigen Denken, sind aus diesem selben Denken heraus, meiner Ansicht nach, nicht mehr zu lösen. Die Lösung kann nur in einem höheren, also einem umfassenderen und intensiverem Bewußtsein gefunden werden. Solange man auf der Ebene des reinen Intellektualismus bleibt, landet man nur immer im Paradox. Man schneidet, wie Münchhausen, von dem Strick oben ein Stück ab, um es unten wieder anzubinden. So seilte er sich ja vom Mond ab, nicht wahr? Die Politik der letzten Jahre besteht doch eigentlich nur darin, ein Stück vom Seil abzuschneiden, um es unten wieder anzubinden, wenn ich das jetzt so einmal sagen darf. Aber nicht nur in der Politik geschieht das. Eigentlich ist es auf allen offiziellen Gebieten so, daß man sich an etwas festklammert, was gar keine Realität mehr hat. Gerade diejenigen, die so stolz auf ihren Realismus sind, sind eigentlich die wahren Phantasten. Das ist es übrigens auch, was ihnen unterbewußt solche Angst verursacht. Ich glaube, in dem Moment, in dem man das erkannt hat, sollte man sich von dieser Angst nicht anstecken lassen.

Eppler: Ich muß jetzt gestehen, daß ich wahrscheinlich nie in meinem Leben weniger Angst gehabt habe als gegenwärtig. Ich habe keine physische Angst vor dem Atomkrieg. Ich weiß selber nicht genau, warum es so ist. Ich habe auch keine Angst mehr vor einer politischen Niederlage. Wenn man einen bestimmten Punkt erreicht hat, gibt es diese Angst auch nicht mehr, und ich weiß, was die Überwindung von Angst für Wirkungen haben kann. Sie ist ja in unserem gesellschaftlichen System nicht vorgesehen. Dieses System beruht auf einer subtilen Methodik der Einschüchterung und des Angstmachens, des Fertigmachens. Es gerät aber in totale Verwirrung, wenn dies an irgendeiner Stelle nicht mehr funktioniert. Deshalb glaube ich in der Tat, daß die Friedensbewegung als Angstbewegung nicht erfolgreich sein wird, obwohl der Hintergrund dieser Angst immer bleiben wird. Sie wird nur erfolgreich sein als Bewegung des Mutes, der Zuversicht, der Hoffnung, nämlich trotz allem die Katastrophe verhindern zu können und dabei Risiken auf sich zu nehmen, die der brave Bürger, der der Friedensbewegung Angst vorwirft, nie eingehen würde. Mut ist schließlich nichts, was man postulieren und befehlen kann. Mut ist etwas, was wachsen muß, und deshalb finde ich, daß alles, was Mut macht, über Grenzen hinwegzugehen und dabei Risiken auf sich zu nehmen, oder in meinem Bild, sich auf dem Trampelpfad blutige Finger zu holen, gut ist. Es könnte sein, daß gerade auf diesem Gebiet die Literatur mehr bieten kann, als es die Politik im Augenblick kann.

Tächl: Mut haben und ohne Angst sein, heißt: loslassen können, gelassen sein, gerade angesichts der Gefahr. Und das ist eben das Kunststück:
Vom Ziel nicht lassen – ohne in Panik zu geraten, trotz des Gefühls: »Es ist fünf vor zwölf«, die Ruhe aufbringen und das Vertrauen, das nötig ist, damit etwas wachsen kann.
Michael, du hast vorhin von Geburtswehen gesprochen, und mir fällt die Geburt meiner ersten Tochter Elisabeth ein.
Mit meiner Lehrerin Martha Haas, bei der ich Stimmbildungsunterricht hatte, sprach ich über die Vorgänge der bevorstehenden Geburt, besonders über die letzte Phase, die Preßwehen. Sie warnte mich vor der Gefahr der Verkrampfung und sagte: »Lassen Sie los, wenn man Ihnen sagt, daß sie pressen sollen. Lassen Sie los, wie Sie es beim Singen tun, wenn Sie einen Ton hervorbringen wollen.«
Ich habe das im entscheidenden Moment getan, habe locker gelassen, war einfach offen. Der Arzt und die Hebamme schimpften zwar, »ich mache ja gar nicht mit«, aber im nächsten Augenblick war das Kind da. Paßt dieser Vorgang nicht genau auf das, um das es uns hier geht?

Ende: Du als Frau weißt ja viel besser als ich, was für eine zentrale Rolle bei einer Geburt das Loslassen-Können spielt. »Laß es sein, dann wird es sein!« hat ein großer jüdischer Kabbalist geschrieben. Es gibt Dinge, die nur dann gelingen können, die einem nur dann »zufallen«, wenn man losläßt. Solange man zerrt und zerrt, gelingt nichts, und man erschöpft sich selbst zu Tode. Erst in dem Moment, wo man losläßt, geschieht es scheinbar ganz von selbst. Das ist eine Erfahrung, die ich immer wieder in meinem Leben gemacht habe und... auch bei meiner Arbeit.
Erinnert euch an den Satz des Zen-Meisters in Herrigels in *Zen in der Kunst des Bogenschießens*[1]. Er wiederholt immer wieder: »Man muß in

---

1 Eugen Herrigel, *Zen in der Kunst des Bogenschießens*, München, 1978

der höchsten Spannung absichtslos verweilen, bis der Schuß sich löst – so wie der Schnee abfällt von einem Blatt.« Es geht dabei um ein Zweifaches, nämlich »in der höchsten Spannung sein« und »absichtslos darin verweilen«. Dieses »absichtslos« fällt uns westlichen Menschen so besonders schwer. Aber anders gelingt nichts Wesentliches, auf keinem Gebiet. Es gibt halt Dinge, die müssen einem geschenkt werden, anders kriegt man sie nicht. Man muß nur die entsprechende Haltung einnehmen, daß einem etwas überhaupt geschenkt werden kann.

Eppler: Genauso empfinde ich auch. Aber es gibt keine Strukturen, die dieser Haltung feindlicher sein könnten als die der modernen Politik. Wenn einer ein Jahr lang sagt: »So, laß jetzt einfach los, ich brauch' jetzt Pause«, dann ist der in fünfundneunzig von hundert Fällen nach kurzem vergessen, und er kommt nie wieder. Der Druck zur Aktivität von allen möglichen Seiten ist ungeheuer. Ich erlaube mir ja inzwischen an einigen Stellen schlicht inaktiv zu sein, wohl wissend, daß ich das nicht lange durchhalte, daß ich dann dort eben verschwinden muß. Wenn zum Beispiel ein Abgeordneter des deutschen Bundestages nicht permanent den Willen der Parteiorganisation tut, – jetzt nicht in der Sache, sondern im Terminkalender, den die Partei für ihn aufgestellt hat –, dann ist er eben die längste Zeit Abgeordneter des deutschen Bundestages gewesen. Da gibt es kein Pardon. Das gilt natürlich für alle übrigen Positionen. Dadurch entsteht ja diese sterile Hektik von Menschen, die permanent etwas geben sollen, ohne etwas genommen zu haben, und die dann ihre Phantasie, falls sie eine solche haben, im Laufe der Zeit abtöten, weil jeder Gedanke, der über die nächste Wahl hinausgeht, ihre Karriere gefährdet. Wenn diejenigen, die regieren – und irgendwelche Leute werden immer regieren müssen – in eine Haltung geradezu hineingezwungen werden, die alldem widerspricht, wovon wir jetzt geredet haben, dann ist das für eine Gesellschaft gerade in unserer Situation doch lebensgefährlich.

Ende: Man hat ja dafür das Wort »Macher« in der deutschen Sprache gebildet, ein scheußliches Wort, aber es ist nun mal da.

Eppler: Das haben diejenigen selber gebildet, auf die es angewandt wurde. Die waren zuerst sehr stolz darauf.

Ende: Deswegen ist es ja auch ein so scheußliches Wort. Und der Macher kann natürlich nur in Machbarkeit denken, und der glaubt von allem, wenn er es nicht macht, dann geschieht es nicht.

Tächl: Gottlob gibt es auch andere Auffassungen.
Ich denke da an Dieter Lattmann, früher MdB, dessen Aussteigen aus dem Bundestag ein gutes Beispiel dafür ist, daß ein Loslassen ohne Resignation keine Wirkungslosigkeit bedeutet. – Lattmann hat mit seinem Ausscheiden aus dem Bundestag ein klares Zeichen setzen wollen und hat auch deutlich gesagt, warum er das tut: Für ihn steht das Leben, das er als Bundestagsabgeordneter führen muß und das, was er auf diesem Posten bewirken kann, in keinem Verhältnis zu dem, was er aufs Spiel setzt: nämlich seine Familie, seine Ehe und nicht zuletzt seine eigene seelische, geistige und körperliche Gesundheit.
Seine Bücher, die er darüber geschrieben hat, haben womöglich eine stärkere Wirkung als seine Abgeordnetentätigkeit.
Mir ist jedenfalls von den zwei Büchern *Die Einsamkeit des Politikers*[1] und *Die lieblose Republik*[2] einiges unter die Haut gegangen, etwa von der mühsamen, meist unbemerkten Arbeit der sogenannten »Hinterbänkler«, vom hierarchischen Druck in der eigenen Partei, vom Leerlauf und der Kleinarbeit in den Ausschüssen, vom Pendeln zwischen Bonn, dem Wahlkreis und der Familie... Diese Pausenlosigkeit ist ja geradezu tödlich. Wie sollen sich diese Menschen denn eigentlich erneuern – seelisch und geistig vor allem?
Von einem humanen Arbeitsplatz würde ich da wahrlich nicht reden...

Ende: Aber das zeigt doch nur einmal mehr, daß die gegenwärtigen politischen Strukturen unseren wirklichen Notwendigkeiten überhaupt nicht mehr entsprechen! Das war auch der Sinn meiner Frage, ob man sich nicht bessere politische Formen, zum Beispiel eine direktere Demokratie vorstellen kann als die, die wir gegenwärtig haben.

Eppler: Was Hanne über Lattmann gesagt hat, stimmt natürlich. Es gibt einige Leute, deren Einfluß auf die deutsche Politik in dem Maße zugenommen hat, in dem sie wichtige Ämter verloren haben oder aufgegeben haben. Ich würde mich dazu auch rechnen. Aber das können ein halbes Dutzend Menschen machen, nicht alle. Die Phantasielosigkeit und die Sterilität unseres Betriebs hängt nicht nur mit dem Pathos des Machens zusammen – wobei ich zum Beispiel der Meinung bin, daß der Willy Brandt in seiner Regierung viel mehr gemacht hat als sein Nachfolger...

Ende: ...weil er eben kein Macher ist.

Eppler: ...und ich habe auch keine Angst, wenn einmal die Geschichte der deutschen Entwicklungshilfe geschrieben wird, wer da am meisten gemacht hat. Aber das Schlimme ist der Anspruch des perfekten

---

1 Dieter Lattmann, *Die Einsamkeit des Politikers,* München, 1977
2 Dieter Lattmann, *Die lieblose Republik,* München, 1981

Machens. Es gibt heute in der Politik, vor allem in der Bundesregierung, die Vorstellung, wir dürfen über nichts öffentlich diskutieren, wofür wir die perfekte Lösung noch nicht haben. Denn wer regiert, der müsse dem Volk klare Lösungen anbieten. Da aber ohne eine öffentliche Diskussion diese Lösungen gar nie entstehen, passiert so gut wie nichts mehr. Wir stellen fest, daß die politische Phantasie immer mehr aus den etablierten Strukturen auswandert oder herausgetrieben wird und daß sie außerhalb dieser Strukturen rehabilitiert werden muß, um dann vielleicht einmal wieder dorthin zurückzugelangen. Wir werden wahrscheinlich lernen müssen, daß gerade das Pathos des perfekten Machens dazu führt, daß man schließlich gar nichts mehr machen kann.

Ende: Dahinter steckt wohl wieder mal der unleidigste unserer typisch deutschen Fehler: Autoritätsgläubigkeit auf der einen und Autoritätsanspruch auf der anderen Seite. Ein Autoritätsanspruch, der sich vor allem darin äußert, daß man sich keine Blöße geben darf, weil die sofort ausgenutzt werden könnte. Wenn ich eine Frage stelle und sage: Es ist mir eine ernste Frage, ich weiß aber die Antwort darauf nicht – dann wird das von der Gegenseite sofort ausgenutzt, man lacht und sagt: Das Dummerchen soll doch besser den Mund halten! Dadurch entsteht eine Rechthaberei um jedem Preis, die in einer echten Demokratie überhaupt nichts zu suchen hat.

Eppler: Das hängt ja auch mit dem Rechtfertigungszwang zusammen. Etwas vom Kindischsten in unserer Politik ist, daß man sich permanent rechtfertigt bis zu dreißig oder vierzig Jahren rückwirkend. Lange Debatten werden darüber geführt, wer in den 50er oder 60er Jahren womit recht hatte. Sehr häufig fühlen sich Politiker durch die Art, wie Debatten angelegt sind, gezwungen, Dinge zu rechtfertigen, an die sie selbst nicht glauben. Dadurch, daß der andere sagt, das sei doch alles falsch gewesen, wird man gezwungen, sich zu rechtfertigen, obwohl man viel lieber betreten schweigen würde. Dieses Spiel der Selbstrechtfertigung führt natürlich auch zu einer Attitude der Selbstgerechtigkeit: Was auch immer passiert auf dieser Welt, es verkündigen die jeweiligen Sprecher der Parteien oder der Regierungen, daß sie sich dadurch bestätigt fühlen, daß sie schon immer recht gehabt hätten. Das tut selbstverständlich jeder, auch der, der ursprünglich die genau gegenteilige Meinung hatte. Das führt dazu, daß politische Äußerungen zunehmend prognostizierbar sind. Wenn ich eine Meldung höre über eine Rede des amerikanischen Außenministers oder über die Arbeitslosenzahl, dann kann ich fast aufs Wort vorhersagen, was die verschiedenen Sprecher der Parteien sagen werden. Das führt zu Verhärtung und Leblosigkeit und auch dazu, daß die jungen Leute dies alles gar nicht mehr zur Kenntnis nehmen.

Ende: Ja, und zu einer totalen Unglaubwürdigkeit.

Tächl: Diese Selbstgerechtigkeit verhindert fruchtbare Auseinandersetzungen und wirkliches Umdenken. Dem, der das trotzdem versucht, wird in der Politik mangelndes Stehvermögen vorgeworfen. Die jungen Leute empfinden aber gerade die fehlende Bereitschaft, sich zu verwandeln oder auch Irrtümer einzugestehen, als charakterlos. Diese Starre vermittelt ihnen Perspektivlosigkeit, und dagegen protestieren sie begreiflicherweise – zum Beispiel die Punkbewegung.

Es genügt sicher nicht, die Punker nur als provokativ und häßlich zu empfinden. Natürlich wollen sie unangenehm auffallen. Aber wir müssen Aufschriften wie *No future* oder *Wir sind die Vorkriegsgeneration* schon als ernsthafte Warnung auffassen und uns fragen, was die wirklich wollen und wie man denen helfen kann, beziehungsweise zu was sie uns auffordern, die in ihrem Protest mit Drogen und Alkohol eine Selbstzerstörung treiben, die wahrhaft erschütternd ist.

Ende: Klar. Ich bedaure nur, daß die Punker ihren Protest so marktgerecht veranstalten. Sie werden ja schon von der Industrie vereinnahmt, und das ist auch kein Wunder. Sie protestieren ja – wie die Drogensüchtigen – gegen etwas, wovon sie abhängig sind, obwohl es sie kaputt macht. Wenn es darum geht, gewisse Degenerationsformen unserer Wirklichkeit abzulehnen, dann sind wir uns alle einig, die Uneinigkeit oder auch die Ratlosigkeit beginnt, wo es um die positiven Vorschläge geht. Das war ja das Verhängnis der 68er-Bewegung, daß wir uns in dem, was wir ablehnten, wovon wir weg wollten, was kritisiert wurde, alle einig waren. Nur in der Frage, wo wir hin wollten, da gab es einen ungeheuren Hickhack. Da wurden Orthodoxiefragen erörtert, bis die ganze Sache schließlich in tausend Splittergrüppchen zerfiel, die sich untereinander bekämpften. Daran ist die Bewegung damals eingegangen. Und so ist es auch bei solchen Protestbewegungen wie den Punkern. Wenn man die andere Seite der Medaille finden könnte, nämlich wofür wir alle sind, was wir wollen, wenn man das in ein Fernziel mit einer starken Anziehungskraft verwandeln könnte, dann wäre meiner Ansicht nach noch genug Zeit, um alles in Bahnen zu lenken, die eben dann in eine lebenswerte, sinnvolle Zukunft führen könnte. In einem solchen Fernziel würde eine ungeheure Kraft liegen. Eine Kraft, die sich jetzt oft nur in Selbstzerstörung ausdrückt, weil sie keine anderen Ausdrucksformen kennt und findet. Ich meine, da läßt besonders unser narzißtisches Kulturleben solche jungen Leute im Stich, weil es einfach nicht zur Kenntnis nimmt, was eigentlich als wirklicher und berechtigter Weltekel hinter dieser verzweifelten Clownsgrimasse steckt. Es läßt sie im Stich, es duldet sie gönnerhaft als im Grunde harmlose Hanswurste, man macht sogar zynischerweise ein Geschäft aus ihrem Sich-krank-fühlen, weil sich unsere Gesellschaft gar nicht die Mühe macht, zu verstehen, was dahintersteckt, und schon gar nicht die Mühe, die entsprechenden Konsequenzen daraus zu ziehen.

Tächl: Das würde natürlich Zusammenarbeit erfordern... Solidarität der Älteren mit den Jüngeren.

Ende: Das erfordert vor allem erst einmal, daß man sich innerlich im Grund in derselben Situation befindet. Ob man das nun auch äußerlich mitspielt, ist gar nicht so wichtig. Man muß aber innerlich nachvollziehen können, warum sie »unangenehm« sein wollen; was ihnen unsere Welt so unerträglich macht, daß sie sich selbst zum Wohlstandsmüll werfen; was sie in diese hilflose Trotzhaltung hineintreibt. Dann erst kann man sich fragen: Wie können wir das in eine neue Antriebskraft verwandeln, um neu zu finden, worum es uns allen geht, und damit die große Metamorphose einzuleiten...

Eppler: Ein ganz gutes Schlußwort.
Wenn wir noch eine Woche hier säßen, dann kämen wir noch zu ganz anderen Ergebnissen, aber...

Ende: Ich meine aber, wir könnten uns jetzt ein Glas Wein genehmigen, oder? Ich habe einen guten weißen, von unserem Ezio hier nebenan.

Damit endet die Aufzeichnung des Gesprächs. Die Unterhaltung aber ging noch lange weiter: Man verbrachte einen fröhlichen Abend. Das Feuer im Kamin wurde angezündet, und dazu holte man aus einem Schuppen Holz von Olivenbäumen. Das Holz brannte bald, knisterte aber nicht, sondern es knallte als würden Knallerbsen explodieren. Das brennende Olivenholz erfüllte den Raum mit seinem würzigen Duft.

Dann griff Michael Ende zu der Gitarre und spielte aus seinem Repertoire: Erst waren italienische Lieder an der Reihe, dann sang er auch Lieder, die er selbst gemacht hat.
Diese letzten Bilder aus der Geschichte eines Gesprächs sollen fehlen – sie führen nämlich in einen anderen Bereich, und der soll auch nicht erzählt werden.

Verzeichnis der Bücher, die während des Gesprächs angesprochen wurden und ungenannt Grundlage einiger Gedanken bildeten:

Bloch, Ernst
Geist der Utopie
Frankfurt, 1973

Bloch, Ernst
Das Prinzip Hoffnung
Frankfurt, 1973

Dostojewski, Fjodor M.
Schuld und Sühne

Dürr, Hans-Peter
Traumzeit
Über die Grenzen zwischen Zivilisation und Wildnis
Frankfurt, 1978

Feyerabend, Paul
Wider den Methodenzwang
Entwurf einer anarchistischen Erkenntnistheorie.
Frankfurt, 1976

Ende, Michael
Momo
Stuttgart, 1973

Ende, Michael
Die unendliche Geschichte
Stuttgart, 1979

Eppler, Erhard
Wenig Zeit für die Dritte Welt
Stuttgart, 1971

Eppler, Erhard
Ende oder Wende
Stuttgart – Berlin, 1975

Eppler, Erhard
Wege aus der Gefahr
Reinbek, 1981

Herrigel, Eugen
Zen in der Kunst des Bogenschießens
München, 1978

Hoffmann, E.T.A.
Der goldene Topf

Humboldt, Wilhelm von
Ideen zu einem Versuch, die Grenzen der Wirksamkeit des Staates zu bestimmen
Staatsphilosophischer Essay, 1792

Kierkegaard, Soeren
Tagebuch eines Verführers
cf. Gesammelte Werke

Lattmann, Dieter
Die Einsamkeit des Politikers
München, 1977

Lattmann, Dieter
Die lieblose Republik
München, 1981

Lem, Stanislaw
Die Stimme des Herrn
Frankfurt, 1981

Meyer, Rudolf
Die Weisheit des deutschen Volksmärchens
Stuttgart, 1954

Naumann, Friedrich
Freiheitskämpfe
Berlin, 1911

Pirsig, Robert
Zen oder die Kunst ein Motorrad zu warten
Ein Versuch über Werte
Frankfurt, 1976

Spangler, David
New Age – die Geburt eines Neuen Zeitalters
Die Findhorn-Community
Frankfurt, 1978

Steiner, Rudolf
Neugestaltung des sozialen Organismus
Rudolf Steiner – Gesamtausgabe Nr. 330/331
1919

Steiner Rudolf
Kernpunkte der sozialen Frage
Rudolf Steiner – Gesamtausgabe Nr. 23
1919

Thoreau, Henry David
Herbst. Aus dem Tagebuch.
Zürich, o. J.

Thoreau, Henry David
Leben ohne Grundsätze
Stuttgart, 1979

Thoreau, Henry David
Über die Pflicht zum Ungehorsam gegen den Staat
Zürich, 1973

Weinreb, Friedrich
Die Wurzel der Aggression
München, 1980

CIP-Kurztitelaufnahme der Deutschen Bibliothek

Eppler, Erhard:
Phantasie/Kultur/Politik: Protokoll eines
Gesprächs/Erhard Eppler; Michael Ende;
Hanne Tächl. – Stuttgart: Edition Weitbrecht, 1982.

ISBN 3-522-70020-1

© 1982 Edition Weitbrecht
im K. Thienemanns Verlag, Stuttgart.

Printed in Germany. Alle Rechte vorbehalten.

Die Redaktion hatte Roman Hocke.
Die Gesamtgestaltung besorgte
Zembsch' Werkstatt, München.
Die Schreibarbeiten erledigte
das Schreibbüro Burth, Stuttgart.
Die Photos machte Zoltan Nagy, Rom.
Offsetreproduktionen Repro GmbH in Kornwestheim.
Satz, Druck und Bindung von Ebner in Ulm.